獨處練習

SOLITUDE PRACTICE

伊蓮——著

獨處，是無可避免的，但並不是個恐怖的影子。練習如何獨處，幫助我們與自己靠近，是一個人的必修功課。

目次

引言

獨處，不就是孤單一人嗎？有什麼好練習的。

我常常感覺，沒有一個對象可以真正談話。

當我要自己回到家面對一種無人的空白時，我不知道該怎麼辦。

我總覺得，心裡少了一點什麼，我有朋友、有伴侶、有家人，但我還是孤獨。

我早就認識自己了，何必花時間獨處。

我從來就未曾認真想過，獨處到底有什麼用處。

有時候，我好像需要一個洞穴躲起來，但是我自己又無法在洞穴裡好好待著。

打從組成家庭以後，我就不知道該怎麼獨處了。

我很習慣獨處，但是不知道這樣是不是一種不健康的傾向。

我總是比較容易知道別人的想法，但我始終搞不清楚我自己。

建立人際關係和獨處是相互排斥的，因此我難以取捨。

在每個人生活經驗和與人相處的過程中，不難發現，人的孤獨感是無法避免的，有時，即使看起來表面上很享受緊密的人際關係和家庭生活，但內心似乎終有一處是空洞的。我也常常觀察到，人們想彌補空洞感的下意識動作，就是尋找另一個人事物來填補；或者說，有些人會放任這種孤獨感，但感覺到無所適從，卻又無可避免，尤其在面對一次又一次這種獨自一人的狀態時，會被寂寞襲擊得更加嚴重。

也許我們都巧妙的迴避掉非常重要的中心議題——一個人，要如何獨處？

一段時間的觀察之後，我發現不僅是我，還有許多人，真的很不會獨處。有時候我會突然覺得，天吶，我真的不想面對自己！不只是無法與自己好好溝通，也不願意去感受自己的情緒，我的精神生活似乎游移在一個膚淺的表面，但始終與內心真實的自我相離甚遠，於是，我對自己問了一個問題——我該怎麼一個人獨處？

這便展開了我進行獨處探索的一場精神旅程。

到底是什麼樣的內心阻礙，讓人們竟然如此難以面對最熟悉的自我呢？

人，從出生的那一刻起，很自然的會開始與人們建立關係，從家庭、學校、社會、工作、感情等方面，我們似乎都認為，學習「人際關係」很理所當然，但是當我們一往回頭看，「那麼關於我自己呢？」有時候似乎一無所知，或者，我們常常以為有所知，但其實又不那麼篤定。

試問，如果我們躲開了自己，又怎麼能和自己共同面對漫漫人生呢？我想告訴你的是，其實，這不是什麼神聖又艱難的事情，在獨處的黑色標籤底下，其實是生而為人很健康的一種狀態，只不過很多人不喜歡這樣做，也不知道該怎麼做，或是，以為在人群與獨處之間必須做出痛苦的抉擇。

這本書的內容，想要與讀者一起進行一場最渺小的偉大發現——透過修練好好獨處，找到自己，進而重新創造、認識自我。希望透過共同探討獨處、理解獨處，和進行獨處的分享，讓我們重新了解獨處對於自己的重要性，一起練習如何好好獨處。

第一部

重新認識獨處

一 重新定義獨處

獨處是跟自己相處的時刻

獨處，不是一個陌生的名詞，我們偶爾都會遇到這種狀況，譬如：下班了要自行通勤回家、聚餐散會後的散步、剛起床打開窗戶的那個時刻、目送家人上學上班後關門的那一剎那、獨自在外吃晚餐的時候……，舉凡生活種種，我們偶爾都處於獨處狀態，雖然沒有與他人對話、接觸，但也不會因此暫停思考和日常生活，所以，請把獨處狀態想成生活中的某種特殊時刻，想成自己與自己相處的時刻。

獨處的需求跟對象

其實每個人都需要獨處，不論是單身的上班族、有穩定交往關係的社會人士、家庭主婦、退休人士、已婚人士、高中生，甚至是小孩，多多少少都會有獨處的需求。

在社會中，我們跟各種人建立關係與連結，通常以言語的談話、溝通去表達想法跟分享價值，在各種訊息頻繁交流的狀態下，會需要整理和重新思考，腦袋也需要暫時對外關機，偶爾單獨地去思考或執行一件事情。

這種狀態可以不是被動地發生，其實我們可以主動營造這種獨處狀態。

舉例來說——

被動發生的情形：你被朋友放鴿子在餐廳門口。（接著你心裡可能會想：我是被剩下的。）

主動營造的情形：你被朋友放鴿子之後，自己跑去喝咖啡。（你心裡可能會想：我是自己想要一個人。）

而且主動營造可以帶給自己內在跟外在的空間，去純粹感受一個人的時光。

獨處不等於孤單

有時候我們會認為，獨處無法真正談話，也沒有與人相處，是一種無法接近的孤獨狀態，讓人敬而遠之，所以怎麼樣也要想辦法讓自己避免這種狀態，如果無聊了，就下意識拿起手機傳個訊息、每一分鐘更新社群動態，如果要自己去吃飯，就問問其他人要不要跟做伙，也可以玩一下手遊打發時間。只不過，這些再簡單不過的小動作，都把我們跟自己推得更遠。

其實，你哪裡想看這些無關緊要的內容呢？

一個人獨處並沒有想像中這麼恐怖，也不是真的會感覺很孤單，許多人只是因為想要避免這種狀態，才會把獨處妖魔化。獨處可以是一種主動選擇的單人狀態，想要暫時不被打擾跟影響，單獨地去完成或思考一些事情，甚至僅是純粹想自己待一會。

也許你會說：一個人的時候，我很容易想東想西，會覺得自己很可憐、很淒涼、無人陪伴等等。其實那都是自己製造出來的想法，因為覺得這樣很糟，所以就會盡可能避免獨處，也將獨處負面化。我們可以轉換一下想法：獨處是在選擇單人狀態，想要獨立去思考或完成一件事情；當我們專注在事件上，或者能夠賦予獨處除了孤單以外的其他意義時，就可以與獨處好好相處，並視為一種合理且偶爾的生活狀態。

培養獨處力

稍微對獨處狀態有些定義上的改變後，我們便有能力可以試著獨處。

先前提到有獨處的需求，是因為可以藉由這些屬於自我的時間，在一個沒有外在干擾的環境下，去整理、思考、沉澱、執行重要的事，所以獨處時間會隨著我們需要完成的事件或是心理需求而變化。

然而無可避免的是，獨處真的需要練習，就像學習一種新技能，一開始我們可以練習短暫的時間，例如半小時、一個小時，把需要獨處的時間從時間縫隙擠出來，培養可以忍受的獨處時間，然後慢慢把時間延長，讓自己漸漸熟悉獨處的感受，再適時地脫離獨處狀態，回到人與人的連結中。如果突然給自己一整天的時間獨處，也許會因為太過艱難、無法承受而排斥這種狀態，所以不需要強迫自己一開始就進入這種難題（當然，如果你很擅長也可以）。

培養獨處力，如同加強一種本來就具有的軟實力。其實我們本來就會獨處了，譬如：在工作會議後整理資料需要獨處，忙碌工作一整天返家後需要獨處看劇休息，運動教練教完游泳技巧後需要單獨進行反覆練習，這些日常生活都需要透過獨處狀態完成。

除了透過事件，我們還可以選擇刻意地練習獨處，而且真的可以享受獨處。

讓獨處像月光一樣，舒服自在的灑落在每個與自己在一起的時刻。

二 為什麼要練習獨處

人是社會性的、需要與他人連結的生物，為什麼我們需要刻意地練習獨處呢？

如果生活中可以避免獨處狀態，是不是就可以不用練習了？

而獨處為什麼要練習呢？

接下來我們來討論一下，為什麼需要練習獨處。

獨處不是與世隔絕，是一種主動進入的單人狀態

或許有人會以為，獨處是一種與世隔絕的狀態，沒有對外溝通，也沒有與人

交流，是一件很可怕、很寂寞的事情；隨著獨處時間越長，越會感受到焦慮不安，擔心是不是漏掉什麼社會新聞，或是錯過臉書上朋友間發生的趣事。

其實，在生活中我們不會一直處於獨處狀態，只是主動地把某些特定時間拿來獨處，可能是睡前一小時、通勤時間，或是自己在家完成工作的那些時間，這些獨處時間可能只花幾個小時，並不會因為這樣就錯過了什麼大事或新聞，而產生非常嚴重的後果。尤其，現在新聞、社群網站、即時訊息相當繁多，影音網站也少不了每日更新，如果我們時時刻刻關注外在的新聞跟訊息，個人的時間會被切割得很零碎，無法真正專注在日常重要的任務上面。

我們可以將獨處視為一種偶爾的單人狀態，一種偶爾的社交區隔，此時，我們藉由這樣的獨處時間，來完成安靜且需專注的單人活動，例如：創作、瑜伽、閱讀、工作、思考、規劃、自省等等，並且，在無人陪伴的時候，適時把自己調整成單人狀態，並確認目前是屬於自己的獨處時間，以去除多餘的焦慮和不安。

獨處練習，讓我們更自在地與自己相處

跟自己相處，是每個人每天都會經歷的事情，但對很多人來說自己卻是最陌生的。因為自己跟身體是連在一起的，體驗不到所謂「相處的感覺」，我們很難去接觸自己，因為我們並不常對自己說話、邀請一起吃飯，也無法向自己傳即時訊息。麻煩的是，通常對人際關係有助益的相處方式，反而在「與自己相處」這件事情上，一點用也沒有，像是「請人喝一杯咖啡」跟「和自己喝一杯咖啡」，後者感覺起來好像沒什麼幫助。

不難發現，即便我們無時無刻與自己連在一起，似乎不用透過認識就已經很熟悉，可是為什麼，偶爾獨自一人時會這麼窒息、難受，像是水火不容般的傷神呢？

一般我們跟外界相處的方式，是透過五官可以感覺到的訊息和刺激去進行認知，例如：用視覺去上網聊天打字、用聽覺去跟同事講電話、用觸覺去感受伴侶

的體溫等方式，我們透過強大的五官系統去認識外在的事物，接收外在的刺激跟訊息，讓我們可以繼續成長並在社會上生存，然而，我們卻無法透過同樣的方式認知到自己，也鮮少認真觀察自己的內在，或者說認真地了解自己，因為根本很難感覺到自己。

為什麼人很難獨處？不僅因為人是社會性的動物，也需要與人的連結和支持，自出生就在家庭這樣的小型社會，然後成為學生、開始工作，無時無刻都環繞著人們跟群體。當日常生活被外界的人事物圍繞時，我們的大腦忙著處理來自外界的刺激跟訊息，可是我們並不真正認識資訊處理的中心體——自己。

於是，我們透過很多習慣性的想法跟行為去執行日常生活，然後日復一日，與自己越來越疏遠，卻也不覺得有什麼異狀，偶爾的情緒波動跟疲勞也淡淡的忽略，或者根本不去在意，認為這根本不是一件值得深究的事情。

一般來說，我們也常利用各種外在的眼光和標籤去認識自己，給自己貼上一個社會性的評價和判斷，譬如：老闆跟你說你很負責任、朋友說你很主觀、家人說你應該要更努力、同事說你很悲觀。然而與我們相處的人，也僅是看到相處當下的其中一個面向，無法真正看到全部的我們，只有自己是無時無刻跟自己在一起的，因此，其實應該由我們給自己一次機會，進行自我的全面認識。

在自我相處的時間中，我們也可以嘗試問自己一些問題，譬如，你可以從生活中的事情做起，問自己今天晚餐想吃什麼？下班後要走哪一條路回家？預計什麼時候整理房間？周末想要進行什麼活動？習慣以後，可以進行到「思考主題」這個部分，例如：想想看預計什麼時候調整工作計畫、飲食習慣該怎麼調整比較好、最近跟家人吵架的問題該如何處理、怎麼調整生活預算等，所有你覺得比較大、較複雜的狀況，都可以在獨處時思考（本書第三部的內容，會介紹一些更具體的獨處練習方法）。

如果你很不習慣，也很容易受到外界干擾，可以找一個比較安靜跟單純的環境去進行，例如：捷運閘口的空地、四周無人的公車座位、戶外公園、無人的辦公室、便利超商的座位區、客人較少的餐廳、自己的房間等等，讓你能夠撇除外界干擾的地方都可以，然後慢慢的增加時間，像是一天五分鐘，慢慢增加到自己覺得需要獨處的時間。

請把自己想像成一位熟悉的朋友，跟自己共有身心靈，一同駕駛著人生方向盤，透過與自我相處的時間，與自己協調、溝通、討論、整理，一起面對各種外在的刺激與課題。與自己相處有點像是在「安靜的跟自己聊天」的感覺，用心地觀察自己，然後照顧、安撫、理解自己，與自我內在好好的共同相處，往內心聆聽、尋找真正心之所屬的方向跟答案，你會發現，很多問題其實不一定要往外跟隨與自己無關的解答（多數時候，我們反而先不問自己，只顧著問別人，這實在是非常矛盾）。

進入非常自我的狀態，更用心地感受來自內在的聲音

你有過一整天都沒有跟外界互動或是跟人對話的經驗嗎？你可以想像一整天都處於獨處狀態的自己嗎？如果你可以預訂完全屬於自己的一天，你會想要做什麼呢？你會感受到什麼呢？

我個人很常有這樣的經驗，或者說，這根本就是屬於我的日常，短至幾個小時，長至好幾天，我時常處於獨處的狀態（對於我來說不是很困難，因為性格傾向內向者的我，獨處是一種休息、充電，可以重新獲得與外界互動的能量）。

不過，一開始我難免會不習慣於長時間的獨處，有種莫名的焦慮和不安，也似乎不夠自在，獨處一段時間後，我就很想趕快脫離一下自我，恢復跟外界的互動。然而，隨著對自我的掌握和認識增加後，我便可以進行更長時間的獨處，而且更加主動去營造這樣的時間，然後進入到「非常自我」的時光。

我認為，獨處狀態可以分為三個層級。

第一層獨處，是普通的狀態，譬如：自己去用餐、自己去超市等等，處理一些較為單純的任務跟事情，通常時間不會太過冗長，可以允許偶爾的干擾跟外來訊息。

第二層獨處，是進階的狀態，用來處理比較複雜、較為深入的主題，像是：思考工作方向、對社會重大事件的看法、觀察自己對某件事情的反應以及與他人的互動過程、評估對子女的教育成效等等，這個時候可能需要更長、更安靜的時間去進行獨處，通常會希望不要被打擾。

第三層獨處，就是剛剛所提到的「非常自我」狀態，這個時候是處於非常孤立、沉浸自我的時光，必須完全不受干擾。我自己的感覺是，這種特殊時刻是需要相當程度的主動營造才能夠達成，像是完全關閉手機並切斷與外界的互動，利用音樂、繪畫、冥想、瑜伽、靜坐等方式，去營造讓你可以完全與自己緊密接觸的媒介活動，而我最喜歡的方式就是——一個人去旅行。

刻意營造的自我時光，讓我們能進行深度的獨處，能夠完成像是創作、思考、自我探索、感受跟自己長時間在一起的感覺，然而，這個階段對我來說最有收穫的就是「重新認識自己」。與前面兩種獨處不同的地方是，完全沉浸在自我的時間很長，也完全不受外界影響，可以進行非常細膩的自我談話、觀察、理解，聆聽來自自我的心聲、需求、感受、期望。

我們其實很擅長偽裝自己本來的樣子，且往往被他人的聲音掩蓋。藉由專注的獨處，營造「非常自我」的時光，可以一層一層揭開真實模樣的自己，或者說，把自己原本的樣子找回來。

這種「自我狀態」是很專注、很細膩、很寫實，整體以真正與自己在一起為目的的狀態，起先可能無法察覺或達成，我們可以透過延長獨處時間來增加達到這種狀態的可能性，以及避免外界干擾，達到完全的自我沉浸。

其實這種情形不一定會絕對的自在舒服，因為我們可能會感到不安，發現自己真實的模樣可能跟自己期望的不同，或者會產生很多自我衝突、懷疑、揭露、矛盾，也擔心察覺那一塊心裡最黑暗的角落。可是當你習慣偶爾有這樣的狀態，作為重大事件後的自我檢視和整理，或者成為生產創作、完成工作的時間，將能夠發現多個面向的自己，讓外在的自己與內在的自己越來越接近。

適時遠離過多的資訊與外在影響

請思考一個簡單的問題：你認為自己一整天的行為跟想法有多少比例是出自自己的意志，而不是受到他人所影響的呢？

例如：早上幾點要出門上班是公司決定的、午餐的地點是跟同事討論後的結論、手上案件的主體決定全在客戶身上、晚上的時間需要陪小孩寫功課。辛苦了一整天，終於可以自己決定開瓶冰啤酒來安慰身心，打開電腦、看看手機裡有什麼新鮮有趣的事情，接著瀏覽新聞、臉書、ＩＧ，發現也沒什麼特別想看的，不是與自己無關，就是內容太乏味，也可能不小心看了很多廣告。

你赫然發現，這一整天的行程，都與自己無關，根本都活在與別人相關的事件裡。

為了在社會中生存，我們很多時候的行為想法是受制於他人的結論、規範、價值，也往往花很多時間去理解跟分析社會中的事件以及他人提供的訊息，尤其現在新聞與個人意見容易在網路上發表，一不留神我們就處於資訊超載的狀態。其實記憶跟消化這些內容都需要精力，但是，當我們選擇將最有生產力的時間都拿來做這些事情了，真正可以獨立而自由分析、思考的力氣已經被前者消耗殆盡了，如此，我們其實是把自己壓抑在一個充滿「以他人為中心的生活」狀態。

當你感覺到無故疲勞、心煩氣躁時，想一想你自己，至少為自己留個十分鐘，這樣感覺就會好多了。

每一個人都會有自己的獨特的想法跟喜歡做的事情，我們可以透過「獨處」的時光來滿足自己的需求，也可以稍微遠離一下社會圈的價值與約定，這點非常容易做到。

像是：找個空白的筆記本，回應你對某則新聞的看法；在家人都去睡覺的夜晚，放自己喜歡的音樂聆聽；通勤的空檔聽一則自己有興趣的英文廣播；中午準備自己的便當在辦公室享受；吃完晚餐後去河堤跑步……。這些狀況加強了我們對這些活動的「主動性」，因為是「由自己決定」了某件事情，也可以稍微跟外在的資訊與影響適時劃開距離，讓自己不需要長時間處於「以他人為中心」的狀態。

如此一來，我們可以每日適時地照顧自己的感受和需求，好好整理自己的想法跟情緒。並不是說要絕對的遠離人群或社會，生活在社會中，與其他人互相依賴，可以互相照顧、分享理念、陪伴等等；只是，偶爾從群體脫離，可以保留自己的空間、生產自己的想法、從事自己有興趣的活動，對自己就會有某種程度的掌握權。

最後，我們希望可以在群體生活跟獨處間自由的游移，不至於在群體生活中與訊息超載的情形下讓自己的聲音跟存在感被埋沒，進而找到獨處和存在於社會中的平衡點。

為了那些無可避免的獨處做好準備

有時候，生活上難免會遇到「必須獨處」的時候，或者說這件事情只能由自己來完成。

譬如：家長一人帶著嬰兒在市場奔走（嬰兒無法溝通，也算是一種獨處）、老師在辦公室批改學生的作業、上班族老闆指派單獨去出差、音樂家在苦思作曲、另一半過世的妻子、隻身前往國外留學的學生。不論是條件、工作或環境因素所造就，我們都有可能處於「不得不面對獨處」的時候，此時，就像游泳前知道可以暖身、反覆練習一樣，假如我們能夠提早熟悉獨處的狀態，便可以盡量避免遇到「必須獨處時」一下就被擊垮。

我們都可以理解「世界上沒有人可以陪伴自己一輩子，即使是家人也會有離開的一天」，可是卻經常在生活中「避免獨處」，因為現階段似乎還感覺不到自己需要練習獨處，或者覺得離那種無人能陪伴的時候還很遙遠。

你可能覺得這更像是一種自尋煩惱，就像也許有人會抱怨：反正我又還沒開始獨居，幹嘛練習自己一人？

不過，換個角度思考，無可避免的獨處有時候來得很突然，或者時間很長，我們可能也會措手不及，如果能夠在平時練習獨處的習慣，將能幫助我們在不得不面對獨處的日子裡，身心調適得比較順利。

在家人朋友與親密伴侶之間，騰出適當的個人空間

你有過在與家人相處時感到處處受限、不自由嗎？

你在跟另一半相處時曾感到窒息、時間完全被掌握嗎？

你的好朋友有仔細詢問過你個人的社交情形嗎？

在與同事共事時會感到時常以他人意見為主嗎？

我們可能或多或少都有過這種經驗，不必自責跟感到抱歉，因為那是一種自內心發出來的聲音，需要被察覺、理解、照顧的自己對自己提出來的警訊。

前面有提到，我們常常不小心活在「以他人為中心」的世界裡，不管是行為、想法、價值等等，每天都有可能面臨他人的觀念挑戰跟行為影響，其實家人、伴侶、好友間何嘗不會如此？隨著彼此相處與認識的時間越長，就會面臨到「被同化」的階段，他們想要影響你的行為，想要糾正你的觀念，想要統一彼此的想法，想要掌握你的時間，想要所有的事情都「和你一樣、與你一起」，因

為這種需求是建立在愛與感情的因素，當我們沒有好好處理跟溝通時，可能最後會是傷痕累累的對方，或者毫無隱私跟個人空間可言的自己。

每個人多多少少都需要有個人空間或自己決定的事情，小事情像想吃什麼當晚餐，大事情到什麼時候決定結婚、選擇職涯等等決策，多少都希望自己有一部分的自主權益。其實，我們很愛我們的家人、朋友、伴侶，可是當個人需求與對方期望產生歧見時，往往都是衝突的起點，然後在爭執發生時，往往使用「對錯、是非、好壞、優劣」等字眼去分辨黑白，嚴重時更用彼此關係作為威脅，其實都是相當傷害彼此的利刃。

在各種社會關係之間，我們會更加需要獨處時間，去自我整理跟從事喜歡的事物。與家人跟伴侶共同生活跟相處當然是很美好，可是世界上不可能有兩個完全一模一樣的人，從生活的各種面向去思考，例如：個人興趣、生活習慣、理財觀念、家庭觀、飲食喜好、生理時鐘、人生價值、工作傾向、未來理想，在共處的過程中，我們在關係裡將遇到各種面向的事物，而人也會隨著時間潛移默化的產生改變，造就了每個獨一無二的個人。

因此，我們不能期待所有人都待在同一個天秤上，也沒有所謂標準化的人，更沒有某件事情誰對誰錯的結論，因為我們不可能相同，所以非常需要彼此尊重跟理解，以及適度的個人空間去滿足對自己的需求。

以情侶作為簡單的例子，剛開始共同生活時，希望可以一起經營生活習慣跟相處時間，於是某方開始規定幾點要一起就寢、幾點是一起用早餐的時間，或者共同欣賞影集時內容也由某方決定，等到時間久了，發現其實彼此的習慣跟需求都不相同，有人喜歡看連續劇、另一個人喜歡看球賽，有人喜歡在家吃早餐、另一個人習慣在辦公室吃早餐，這些事情都很細小，可是越是細小的事情越被忽略，越可能感覺到「連這件小事情都不能自主」的身不由己，就有可能在個人界線和兩人感情中間產生衝突點。

我們可以慢慢發覺，養成個人獨處習慣，是為了更好的共處。當女生無法獨處時，習慣把所有事情仰賴在男生身上，也將所有期待投注在另一半，可能會使得關係不平衡；當家人希望日常生活都是家庭時間、共同決定時，注定會因需求不同而有歧見產生。

其實越緊密的關係，越需要劃出個人空間，人希望互相依賴，不會是被同化跟吞噬，當我們擁有適度的個人空間，互相尊重彼此不同的地方，關係就可以從「窒息感」轉移到「自在感」，即使我們不相同，也不會互相干涉，但關係還是一樣親近。

練習獨處，其實能夠幫助我們自己在親密關係中找到更特別的自我、與他人更自在的相處。

三 獨處附帶的空間與價值

在我們確認自己可能是需要獨處的族群以後，接下來進一步看看獨處能夠帶給我們的附帶空間及價值。

專屬個人的獨處空間

獨處跟與人群共處有很大的不同，我相信大家都多少有些經驗。當我們在群體裡時，大家可以持有不同意見、團體行動、形成群體意識等等，慢慢地在相處模式跟價值上會傾向同化，或者形成一種默契感，如同不需言語只需意會的一群夥伴。

然而我們都是單一個體，總是有一部分的價值觀跟人生經驗難以與他人相同或是完全被理解，因此我們還是需要透過適當的獨處時間，去關照這部分來自自己的需求跟情緒。例如：我們與朋友聚會完後可能想要跑到比較無人的地方稍微喘口氣；團體旅遊之中會想要擁有個人自由的探索時間；在家庭餐會後只想一個人在客廳看影集。諸如此類的情形，這些行為需求的背後，都是想擁有屬於個人的時光。

再來談談空間部分，可以分為「實際空間」與「心靈空間」。

我們都喜歡擁有自己的房間，連小孩也不例外，因為在這裡可以安排自己喜歡的書桌顏色跟配置、自由擺放個人的物品、放喜歡的漫畫在書櫃裡，當然還有一張讓自己晚上好好睡覺的床。個人空間似乎允許了我們很多行為，因為有自己的空間，所以可以添購喜歡的東西；因為有空間，所以知道累了可以到哪裡休息；因為有了空間也有了一份安全感，這個空間是自己的，所以想要如何利用跟改變都可以自己決定。這部分所敘述的是實際空間。

我們再來看看心靈空間。

心靈空間很抽象，因為我們無法用肉眼看到真正內心裡的房間，因此有時候感受不到我們是不是擁有它。我們可以先把它想成一種概念，然後觀察自己的狀態。

假如你跟家人吵架了，你可能會把房間的門鎖上，然後把自己關在裡頭冷靜，這麼做是為了在空間上劃出房間外與房間內的區隔，確認房間內是屬於自己的地盤、他人無法進入後，我們才能安心地在自己的個人空間內，好好處理高漲的情緒。

可是當我們在人群中希望處於獨處狀態時，就很難做出上述那樣的行為。假設你今天心情很差，暫時不想談話，你不能保證所有在身旁的人事物都無法打擾你的獨處狀態，因為實際上你是無法排除所有聲音跟談話的（除非你把自己關起來），他人也無法知道你目前適不適合談話，意即，一般實際上來說，你很難直接把心靈空間關閉起來，除非可以保證這個地方只有你一個人，或者可以利用某些方法來把外在的干擾去掉。

心靈空間很抽象，我們可以先透過上述的例子去感覺這個部分的存在。其實人的內心世界很複雜，我希望透過心靈空間這個想法去傳遞「獨處」這種狀態。偶爾我們其實需要屬於自己的心靈房間，就像我們每個人都想要自己的房間一樣重要；而這個心靈空間也是偶爾需要被關閉的，然後，它才可以自在地開放著，因為不是所有感受、情緒、經歷都可以與他人共享或者被理解，有些很私人的事情，我們會需要跟自己相處的時間去消化它們。

發現我們都可能有一個個人的心靈房間後，我們可以像蓋房子一樣去營造它。

透過一些方法，譬如：最簡單的方式像待在屬於自己的空間、蓋一個類似小營區裡的帳篷，這些實際的空間屏蔽，可以幫助我們進入獨處的狀態，因為在這個空間裡並無他人，也知道自己不會受到干擾。如果是出門在外無法進行空間營造時，可以用一些小工具來屏蔽外界對五官的刺激，像是：戴著耳機聽音樂、閉眼休息時戴著眼罩、戴深色太陽眼鏡等等，除了屏蔽外界對個人的感官影響外，也能夠透過這些小配件，來對外界人事物顯示目前需要一些私人的空間。

當我們能夠很熟練地由獨處狀態進入個人的心靈空間時，可以帶給我們很多幫助，甚至可以在非常喧鬧、充滿人群的地方進入獨處狀態。接著，更進階的，是在獨處跟人群中自在地遊走，就如同你累的時候可以自然地走進房間睡覺，充滿精力時可以隨時進入客廳跟他人交流，你會知道，你的房門何時該打開、何時該關閉。

空間，賦予了我們生活更多的意義，也讓我們身體上可以安全地存在著，是一個可以被共享或者獨享的地方。心也需要空間，因為人的精神空間如此狹小，往往被群體及無意識地支配著，因此需要透過獨處，練習搭建一個讓心靈容身的地方。

獨處附帶的價值與意義

我一直都覺得，每件事情的價值跟意義都是可以由自己給予、自己發現的，所以以下所提到，是我發現獨處的價值跟意義，不一定適用於你。不過，我很歡迎你把這些作為參考，然後主動去尋找屬於自己的最佳配方，如此這種獨處才真正適合你自己。

就我個人的經驗來說，我一開始喜歡獨處，是因為個性比較內斂，說話很少，我發現比起在團體中，獨處時的我比較接近本來的自己，所以才慢慢將獨處時間放在生活習慣中。

以前，我還以為喜歡一個人的我，是個奇怪的人。

體驗到獨處的自在感後，我還喜歡在獨處時做一些個人休閒，像是：聽音樂、閱讀、看影片等等，似乎獨處時間越多，我所擁有的時間越多，雖然實際上我每天的時間都是廿四小時，但相較於在群體中，獨處的時間對我而言好像更有效率跟價值。

我並不是一開始就享受獨處，難免會有不自在跟孤單的感受，而且還有一種脫離社會圈、背離主流文化、遠離人群的罪惡感產生，因為過去我所受到的教育跟價值觀，總是以團體、追隨大多數人作為主要方式，獨處，也不是一個人人都會談論的話題，當時，我並不知道喜歡獨處，是不是好的。

例如：我常常不喜歡聚餐、不喜歡去人多的地方、不喜歡使用社群媒體、不喜歡常常跟人在一起、不喜歡團體行動等，可是很無奈地，生活上總是會遇到需要從眾的時候，不過我都很想躲起來，不是因為我討厭那些人或這件事情，是因為我需要一些自主跟空間。我知道有人要去聚餐，可是邀約具有強迫性時，會降低我的意願；有人喜歡在社群參加社團去更新最新近況，可是對我而言這些資訊實在太多了，我沒辦法處理這麼多訊息，而且也不一定需要知道。

遇到這些情形時，心裡總是有一個聲音在提醒我「讓自己待著一下」。然後，我就慢慢走進一個迷霧森林，雖然看不清前方的路徑，可是還是懷著不安繼續前進，依循著那個小聲呼叫我的聲音，走著走著發現，那裡有原來的自己，在呼喚我找到她，然後認識她；像是失散多年的雙胞胎，我感動地與她手牽手，一起遊蕩在各式各樣的地方，與人生每時每刻。

那是我，原來我就在這兒。

獨處給我最好的價值，就是認識自己，無條件屬於自己，以及跟自己在一起時，可以用來創作與生產的時刻。因為認識自己，就像是小嬰兒看到自己的手腳般的神奇；看到自己的原貌，就如同在夢裡很多潛意識在牽引著我；接受自己，是緊緊把自己抱住；理解自己，是耐心地聽自己說心事；感覺自己，是跟自身的感受和情緒好好在一起。

每當我這樣認真地對待自己、陪伴自己時，我會感覺非常安全、牢固，好像再辛苦的事物都可以迎刃而解，因為把自己完整了，所以不會輕易破碎。

在每次獨處的時光，我似乎都可以撿拾到關於自己的一塊小拼圖，讓我可以慢慢找回自己的全貌，我的影子，不再因為存於複雜的社會而模糊不清。

我們可以把獨處的時間，視作一口通往內心深處的礦井，可以找到什麼、發現什麼，都很難去預測，然而，每個人必須靠自己去慢慢挖掘，這也是為什麼對於不同的人來說，獨處的價值不盡相同。

四　獨處與孤獨

在探討獨處的過程中，我們不免會思考到一個與獨處很類似的情境，即所謂的「孤獨」，與獨處之間，到底有什麼區別，以及，是不是在獨處時會容易有孤獨的情節在內心產生。

在這個章節，我想與讀者們分享對於這兩個情境的看法。

有時候，其實孤獨與獨處看上去有點像是同一件事情，端看人們如何去看待它們。

孤獨是一種感受，獨處卻是一種狀態。當人感到孤獨，不一定是在獨處時；而獨處時，人也不一定會感到孤獨。孤獨，更多時候是來自於個人感受對情境的解釋；獨處，則是日常生活上偶爾會有的單人狀態。

我們可以做一個小小的情境練習，來感受一下這兩個詞帶給你的感受。

首先，找到一個安靜的地方，可以是你的房間、租屋處、下班後的路途中、便利商店的座位區。接下來，暫時不要開口說話，放下對於周圍事物的注意力，可以的話將手機關閉，把狀態調整成「自己一人」，以非常專注的態度，分別進行以下兩個內心對話：

一、我現在自己一人，是一種孤獨。

二、我現在自己一人，是一種獨處。

請你比較在這兩種內心對話時，自己心中有什麼不一樣的想法、感受、解釋（你可能會覺得很類似，或是分不清楚差異，也可能會對於情境有兩種不一樣的解釋）。

透過這個小練習，我們先來釐清自己心中對於這兩個詞的解釋。假如你發現對於你來說這兩個詞的意義非常類似，甚至完全相同，那麼我想邀請你繼續閱讀這本書，或許可以幫助你找到一些不同的視角；反之，如果你覺得有些許不同之處，或是在情境上感受完全不同，那麼我替你感到很高興，接下來我們會繼續深入談論這部分的內容。

而我想你可能猜到了，也就是：獨處並不代表孤獨，孤獨也不完全代表獨處。

如果你誤會了獨處等於孤獨，那麼你可能會失去那份單純屬於自己的快樂。

人們的孤獨

孤獨，一般來說，人們對於這一詞的解釋是負面的。搜尋孤獨這一詞，在維基百科的定義如下：對社交孤立的一種複雜而不愉快的情緒反應，通常包括對於與他人缺乏聯繫或溝通，或是將來可能會與他人失去聯繫或溝通的焦慮感，還有在人際關係中很常見的，無法完全被身邊的人認同或理解的情境。

我們可以說，孤獨，是在人際關係裡一種令人不愉快的感受，可能是由於環境、心理、社會關係和種種因素，所導致人有一種負面的孤立、寂寞、缺乏連結的感受，有時候那種感受是很難驅離的，因為孤獨感可能在你一人離開熟悉環境時來襲，也可能在一個充滿人群的喧鬧聚會裡從你心中油然而生，即便在親密伴侶身旁也可能會有這樣的感覺，大約人的一生中，都會伴隨著一定程度的孤獨感。

「我時常感到寂寞」、「我常常感覺很孤單」、「我從來沒有辦法完全脫離孤獨感」，人的感受和情緒極其複雜和多元，然而，我不禁注意到，在談話中人們流露出這樣的感慨，或者，觀察到他們臉上寫著一種無人理解的孤獨感，有時候我向內窺探自己的感受時，也時常會察覺到有這種感覺。

事實上在越來越冷漠、忙碌的人們身上，每天都板著一張臉上班和通勤，更不願多談論自己的孤獨感，寧願看看手機上面有什麼有趣的新聞，和玩玩刺激的手機遊戲。因為孤獨，並不容易面對，尤其是那個真實存於自己心中的孤獨。

孤獨，其實很主觀

我不禁想著，有時候甚至我們會畏懼孤獨、不想要面對孤獨，就像碰到一頭住在心中的魔鬼一樣，稍微看到那道黑影就很想逃走，也不知道如何與它和平共存，或者說，我們根本不想要見到它的出現。

大多數的情形下，我們可能選擇迴避，然後視而不見，任由它自行離去，或利用各種正向、積極、令人感到快樂的事情、和人建立連結感，想要將孤獨感排除，因為孤獨，它就好像一個帶著毒的負面情緒，在人們還沒看清楚孤獨的樣子前，就急於趕走它。

我相信沉重的孤獨感，一定是令人非常難以承受的情緒壓力，可能會造成更多衍生的心理衛生問題，若超過個人承受範圍內的孤獨，還是要主動徵詢精神科或心理諮商的協助。

不過，這裡我想說的是，有許多時候，是我們的主觀造就了這般茁壯的孤獨感。

想一想，如果這世界上沒有除了自己以外的其他人存在，我想所謂「孤獨」的概念大概就不存在了，而孤獨的由來，正是因為有人與人之間的連結，也產生了人與人之間無法連結時的「孤獨」。孤獨這回事，大多是一種「相對的感受」，假如你心中的期待是時常都會有人在你身旁，也時常覺得他人應該完全與你感同身受，那麼你隨時都可能感到孤獨；假如你的想法並不是這樣的，那不管有沒有人在身旁、有沒有人願意理解你、有沒有人陪伴你，你都不會感覺到孤獨，因為你對這些情境的看法，並不只有孤獨一途。

另外，我們對於孤獨的感受，就像是在內心照鏡子一樣被反映出來，就是「你投射出來對於孤獨的想法，就像是你內心裡的鏡子一樣，其實都來自於你內心對此的解釋」，在了解「孤獨」是源自於內心的主觀解釋以後，便有機會自行賦予孤獨不同的詮釋。舉例來說，如果我們暫且先把「孤獨」當作是一個中性的詞語，如果你內心所投射出的孤獨解釋是孤單、寂寞、可憐、落寞、無人陪伴、無人可談話的解釋，那麼孤獨對你來說，就真的有如心中的恐怖黑影一般，源自於你先前對它的解釋，就是這般的負面和令人畏懼。

如果我們可以稍微把孤獨的解釋轉化，那也許我們就不需要把它看待成恐怖的影子，你可以解釋孤獨為：一種生而為人正常的感受、偶爾會出現的情緒、一個人時會有的感覺、一種有點寥落的情緒，但是這些都不需要使我們去逃避孤獨。換句話說，孤獨也許一開始令人卻步，但對於孤獨的更多解釋，卻是我們可以完全自行掌握的。

孤獨本來可能很小，是人的想法讓孤獨好像變大了。

孤獨，不需要是獨自一人時的唯一想法

當你發現自己有些孤單，缺乏人的陪伴，擁有一個人的時光很久很久時，你心裡的想法是什麼呢？

如果你說這是一種窒息的孤獨，那麼它對你來說就真的是窒息般的孤獨，孤獨本身並沒有問題，因為那都源自於我們給予它的解釋；而如果你說這並不是一種孤獨，是偶爾自己一人很長時間時會浮現出來的正常感受，那麼對於你來說，孤獨並不會這般可怕，那只是人的其中一種感受而已。

不妨與各位分享，我自己也是所謂孤獨情節的「假受害者」。這是什麼意思呢？

以前，我總覺得剩下我一個人的時候，或者，我沒有跟別人談話、交流一段時間之後，我幾乎快被那種主觀的孤獨感壓垮，因為我一直告訴自己說，「我是個孤獨又可憐的人、我沒有人可以說說話、我非常的可悲」，甚至別人看到我的

眼神，我都會解釋成「他一定覺得我是個孤獨又可憐的人」，有段時間我幾乎沉浸在自己的主觀孤獨感，也對此深信不疑，我當時從來沒有懷疑過我那深厚的孤獨感，其實是一種誤解。

後來我自己閱讀了一些書籍，再加上長時間與孤獨共處，更習慣它的存在，雖然偶爾備感心理壓力，但是，在開始對於孤獨產生一些不同的想法以後，我發現它並不是真的那麼恐怖。其實，心裡的孤獨怪物都是我自己一手創造出來的，因為過去我對它的唯一想法就是負面的，而漸漸的，當我自己一人越發感到自在時，我發現我根本不會想到孤獨這件事情，當下我對此一人情境的想法是：雖是一人，卻很自在、很享受。

很多時候，我們自己的想法也造就了孤獨本身。

而在我漸漸理解了「感覺孤獨不是真的孤獨」時，我便從可悲的孤獨中離家出走，到一處清爽又僻靜的一人田地裡，享受著自我相處的樂趣。

再邀請讀者一起思考一個問題：「你的孤獨，從何而來？」

找找看孤獨的源頭，你可能會有些驚訝，或是有一次不同的發現，問問你自己，在我的孤獨背後，是什麼？我的心得是：孤獨其實是我給自己的想法，但它並不是真的；就算它是真的，它也不一定是不好的感受，可能是種暗示、提醒、感觸，是人的其中一種感覺而已。

聽起來好像很奇怪，不過當你讀完這本書，準備好展開自我探尋的時候，也許你能夠更客觀地看清楚自己的孤獨樣貌。

因為願意，所以主動選擇獨處

請先暫時放下獨處的孤獨標籤。不知道你有沒有想過，獨處，可以是因為你願意這麼做。

我們大概很少會聽到有人鼓勵你練習「自己一個人」，不管是在各種人際關係或團體社會中，我們都有一種習慣是跟隨群眾、聽取別人的建議、人云亦云，大約也不會有人鼓勵你「脫隊」，在這樣的社會氛圍下，有時我們的意願和前進方向與眾人不同時，便容易感到無所適從，無法做到從群眾中獨立，甚至當你要求「我想要自己一人」時，還會被冷眼旁觀，令他人感到特別刺眼、突出，因為在我們的社會價值中，習慣獨處，是有點不健康的。

但問題是，人根本不可能永遠不獨處。

獨處並不困難，也不會讓人窒息。獨處跟人與人之間的關係一樣健康又正常，把對此情境的行動從被動轉為積極主動，我想你有機會對獨處有不一樣的感受。如果你很確定你想要獨處，也需要獨處，那麼你絕對可以主動爭取獨處，而且你的主動性，將帶給你的獨處更多意義與價值。

請你從自己的需求開始出發，譬如：安靜的思考一件事情、想要消化工作壓力和個人情緒、單獨一人反覆練習樂器、認真構想年度計畫等。主動的尋找獨處時光，就像給予親密伴侶專屬約會時間一樣，在稠密的社會關係中，找到一段空白留給自己，這完全是我們可以替自己做到、非常基本且重要的事情，因為，先把自己整理好了，我們才有餘力照顧別人，與他人好好相處。

我們無法一直迴避獨處，就跟我們無法逃避自己一樣，既然如此，主動把獨處的手牽起來，把它當作朋友一樣，好好地去認識它的優點與缺點，給它一些時間，重要的是，先不要隨意的誤會獨處。

獨處就好比一場單人遊戲

有些路，我們必須自己走；有些話，我們必須聽自己說。

還記得，上次你自己單獨從家裡走出去散步時的那種愜意嗎？

還記得，上次你在遊戲中選擇單人模式的時候，在想些什麼嗎？

而你在過程中獲得的遊戲成就感與樂趣，與多人遊戲類似嗎？

在玩電腦遊戲時，我們可以選擇多人共遊，或者單人遊戲；與同伴前行，一起在關卡中奮鬥的共榮感，有時候與單人遊戲中的一人行動與自由探索的有趣，其實是不相上下的。我們喜歡透過不同的遊戲模式背景，去感受不一樣的闖關樂趣，與此相同，獨處能夠擁有一些特殊時光，是無法在多人遊戲中獲得的。

也許是自由度、保留彈性、獨立性的展現、充分利用自己的力量、相信自己能力的一種測試、純粹想要自己玩遊戲等原因，不論如何，將這種模式套用在生活上的獨處，我們很有可能會發現，相較於與夥伴同行，選擇自己一人去挑戰時，竟有截然不同的趣味。

你可以把這種單人遊戲模式套在各個生活層面中，測試看看各種事物如果以單人遊戲一樣進行的話，將會有什麼有趣的經驗。而在這些單人遊戲體驗中，能有機會看到不同面向的自己，如何思考，如何行動，如何過關，就像遊戲角色在各種關卡時展現出來的數個特質與韌性，過程中，也會充分體會到與自己偕伴而行、與自己相互溝通和理解，一同面對各種情境中的高低起伏的珍貴歷程。

不迴避孤獨的獨處

也許你會說，我並不熟悉獨處，我也擔心被孤獨吞噬，我懼怕獨處的赤裸感帶給自己一種無處可逃的情境，一想到要獨自一人，不免就會開始擔心面對孤獨。

其實，獨處有很多面向，更是一種自我探索，在外觀上別人可能無法看見你豐富又劇烈的內心活動，如同看似平靜的湖面，水下的世界卻是另一片風景，也許你已經從谷底爬到半坡上，或者，從原地神遊到了好幾公里遠的地方。在獨處過程中出現的各種自我面向，包含自我對話、自我嘲諷、自我憤怒、自我懷疑、自我膨脹、自我理解、充斥的各種想法，都是屬於個人的一部分，就連你的孤獨感也是可以被看見、被接受的，一開始難免不自在，但當你能夠嘗試著雙手伸向自己的孤獨，並且以接納、理解的方式看待時，你根本無須迴避孤獨，因為孤獨就只是獨處的其中一個面向、一種個人感受，根本不會威脅到獨處。

你甚至可以對著自己說：「對，沒錯，我現在感覺很孤獨。」不需抵抗來襲的孤獨感，承認它的存在，而也許它背後帶來的訊息是別的，可能是：其實我非常深愛他人、我在這個時候會想到某些回憶、我發現這是一種無人的空泛感、其實我不習慣與自己相處、我正在想念某個時刻、我清楚看見那個匱乏是什麼、原來我是如此需要特定事物的存在……等特殊訊息。

把孤獨看成一種特殊訊號，在獨處時好好端詳你的孤獨，其實孤獨並不如你想像的可怕，也不是需要驅除的不速之客。

與其想盡辦法趕走孤獨，不如邀請它來家裡坐一坐、聊聊天，去好好認識它。

五　四種不同狀態的獨處

處在獨處狀態時，我們會遇到各種情形，例如：一個人在公車上、一個人在家、一個人去吃飯、一個人去看電影、一個人慢跑等等，而不同外在狀態的獨處感受跟強度會有所不同（也是依個人感受），現在我們來看看幾種不同外在狀態的獨處，下一章將會分享生活實例上筆者個人經歷的獨處事件。

第一種：單人、封閉室內

這種情形像是在自己的房間、在個人辦公室等，是在自己熟悉且能掌握的個人空間的室內獨處，譬如在房間聽音樂、看影劇、寫報告，在辦公室內執行工作、思考簡報等，這種情形是最常見、大家所熟悉、容易進入的獨處狀態。

除了環境是屬於自己熟悉的地方，不會產生陌生感以及多餘的雜念以外，周圍也較少干擾因素（低噪音、無環境事物發生），非常容易去適應跟進行，我們可以在這樣的條件下執行很多個人任務，通常是靜態的，而且可以控制周圍干擾來讓我們進行高度專注的獨處。

第二種：單人、開放室外

這種情形常見在通勤、運動、出門購物等生活事物，自己在跟充滿動態、開放的、戶外的環境相處，此時你可能會處於步行、通勤、有目的性的外出，這種獨處狀態很特別，因為外在環境可能會有噪音、環境事件、交通，除了個人行動方面須配合環境需求（例如：上下樓梯、過馬路、看紅綠燈、使用悠遊卡、注意路線）以外，此時的獨處狀態的專注力會被分散在五官上（氣溫冷熱、視覺、環境聲音、行動的本體感覺）。

在這種單人、開放室外的環境下，我們要進行的獨處可能是任務型、可以承受周圍干擾也不會有太大影響的事物，例如：慢跑時須配合路線、超市購物看到很多特價單品標示、通勤時聽音樂但還是可以聽到列車廣播內容、尋找店家時聽到路人的討論等等。這種獨處狀態會受到周圍環境中低程度的干擾，所以我們可以先選擇較為單純、熟悉的事情去做。

不過這種獨處狀態習慣了以後，可以練習把專注程度拉高，而且因為外在刺激跟自身的狀態結合可以產生很多變化，像是一邊進行購物一邊吸收知識（邊逛超市邊認識新食材）、一邊運動一邊檢討工作（慢跑時想工作進度怎麼改善）、在通勤時完成周末時間安排（利用零碎時間做日程規劃）。

其實這種單人狀態很常出現在日常生活中，我們如果可以把這種獨處時間的專注力提升，習慣後便可以將效率提升，讓一些使生活繁瑣的事情變少，也可以在身體活動的狀況下讓獨處狀態更加多樣化，尤其在運動時大腦活動更加活躍，想法往往很豐富。

第三種：多人、封閉室內

這樣的狀態像是處於辦公室內、在餐廳內用餐、在電影院內、逛書店等，是在一個室內封閉的環境下，以單人的狀態與他人共處，且會碰到各種人群，例如：情侶、家庭、朋友、他人團體、同事等，個人在與他人共享一個空間時都會遇到這種狀態。

這種外在環境要好好的獨處其實很困難，因為容易受到周圍環境影響，可能在工作時聽到同事討論專案、在用餐時會聽到隔壁桌的聊天、欣賞電影時會在意前一排人的互動等等，由於空間跟群體共享，所以很難避免干擾，加上自身處於一種「相對孤立」的狀況（在各式群體中凸顯你是一個人），一開始難免會需要克服他人眼光和自身感受，心理狀態較為複雜時，會相對難以專注在獨處。

這種獨處狀態較難進入，也需要更多練習。有的時候我們會不小心遇到這種情形，可能想要去吃某家餐廳卻找不到飯友，或是要出差必須自己完成一段長程飛行，會遇到各種心理挑戰，譬如：莫名焦慮、沒有人陪伴的緊張、對於眼前的事情無法專心、遇到困難顯得無助、過度在意他人眼光，這些複雜心境，會使得我們無法好好的獨處，可能會想快點擺脫這種獨處狀態，甚至認為這種在群體中剩自己一個人的樣子很尷尬，而往自己身上貼上各種標籤。

老實說，在這種外在條件下可以適時調整狀態，無法克服心理困難時，可以暫時恢復與周圍的互動，避免自己陷入「到底該不該獨處」的窘境，像是可以跟店員詢問商品資訊，或者參與同事討論的內容、乘坐交通工具時跟人攀談、用餐時可以觀看新聞。

其實這種獨處並不如想像中恐怖，就像第一次去潛水一樣，我們因為未知感到恐懼，沒有第一手經驗而會想太多，等到多次練習以後會發現，其實真的沒什麼好尷尬的，而且可以發現社會上越來越多人喜歡自己出門、自己吃飯、自己喝咖啡、自己看電影，當我們察覺這件事情時，就可以享受「陌生人的陪伴」，然後安靜地沉浸在這種獨處裡。

這種室內與他人的獨處狀態下，我們可以跟第一種獨處做一些比較。當我們在個人的室內進行獨處時，環境相當單純，可以很純粹、很專注地去執行獨處，然而在室內與他人共享空間的獨處，其實也可以達到類似第一種獨處的境界，像是我們可以在咖啡廳戴上耳機執行個人工作或閱讀，同時也可以享受咖啡廳的氛圍，然後等待一小時後與朋友會面；自己乘坐飛機時傳送平安訊息給家人、一面欣賞窗外的空景，或是觀察飛機上乘客的互動狀況。

比較重要的是，我們要練習專注在自身的心理活動跟眼前的事物上，盡量減少猜測他人眼光、降低不自在感，也不需糾結在「只有自己一個人」的議題上。雖然這種獨處很常會讓人自尋煩惱，不過，也是一種有趣的自我發掘。

第四種：多人、開放室外

這種室外、與他人共處的狀態，有時候會跟第二種單人、室外重疊，因為室外的人群充滿了動態，有時候會在這兩種獨處狀態間移動。這種情況像是一個人去野餐、一個人看戶外演唱、一個人逛街、一個人爬山、一個人到市中心跨年等等。

也有點類似於第三種獨處，在社群裡屬於「相對孤立」，所以也需要一些練習來熟悉這種獨處模式。而在戶外獨處可以接觸到動態的人群，見到形形色色的路人、遇見各式各樣的團體，除了個人的身體活動以外，會接觸到各種情境中的人們。這種獨處也會受到一些聲音、景物、周圍事物的影響，不過慢慢熟悉這種模式以後，這種獨處可以進行很多個人心理活動，例如：觀察周圍事物、聆聽人群談話、單人欣賞表演、進行個人思考，或者純粹什麼都不做（單純放空）。

雖然一個人看起來並沒有做什麼很特別的事情，可能只是待在原地或者單獨行動，但其實可以讓你的腦袋像跑馬拉松一樣，從A點想到E點，或把工作內容重新審視一次，透過與動態的外在互動去重新思考一些個人相關議題及生活，也可以進行與戶外自然的純粹相處，看看海岸線、聽聽山林裡的聲音，觀察動物的生態活動，都是很好的個人療癒及沉澱，往往靈感、新想法都會在這種獨處時候出現。

六十六個獨處的實戰狀態

前面討論了獨處的理念層次，以及解釋獨處對個人的幫助後，現在，我們來進入下一步更實際、更生活化的獨處練習分享。

這邊提供我自己嘗試過的十六個獨處體驗，大家可以透過這些生活經驗描寫，勾勒出更實際的獨處感受，也可以自行尋找自己可能嘗試過的獨處，去看看有什麼類似或不同之處，如此，將能更進一步熟悉獨處。

一、一個人發呆

這是一種最方便、隨時隨地即可進入的獨處，也不需要前往特定地點，只要在目前所處的地方就可以。你可以把發呆想像成最方便的一種獨處，因為只要想做，就可以即刻去做，不會太過困難，也不需花費太多時間。

我很喜歡發呆，不管是走路、通勤、在房間裡、上班空閒時，我都喜歡抓著那一些擠出來的時間發呆。發呆就像是把個人的大腦設定登出，好比離線中，暫時不接受任何程式或者訊息的介入。發呆時，讓腦袋背景程式清空，或者把煩惱的事情暫放一處，什麼都不要想。

也許我們都太用力使用腦袋了，所以找個時間發呆，讓腦子淨空，也是很好的個人休息方式。

有時候，我會找一個近物去注視、去幫助發呆，譬如：眼前的捷運站、路旁的椅子、桌上的水壺等，看著這個靜止的物品，讓自己眼睛有地方可以聚焦，利用這種「睹物發呆」的方式把腦袋的思緒抽空，讓整個人呈現「靜止」、「定格」的模樣。

這時，我喜歡進行腦袋靜止的休息，盡量讓自己好好的無聊著，不會去做太過傷神的探索或是思考。時間自行掌握，可以進行五分鐘、十分鐘，需要時，隨時可以重新跟眼前的事物連結，恢復到一般正常的狀態。

二、一個人散步

散步，是很輕鬆也很容易進行的活動，只要穿好運動鞋就可以進行了（想穿拖鞋也可以），也沒有任何的地點、時間限制。

我記得自己當時正在馬爾他念書，生活範圍不是在學校教室就是小小的共享宿舍裡，總是有一種整天都被建築物包圍的感覺，所以晚上喜歡抽個飯後的時間去散步，從宿舍不到五分鐘的步程，就可以到達沿海景觀的人行道。

我很喜歡慢慢走路的感覺，因為走得越慢，時間好像也慢下來了，心情也會從壓力中緩和，因為心裡知道這是屬於散步的時間，不需要擔心太多雜事，一邊觀察身邊的路人，也許是朋友在談話、情侶並肩走著、獨自慢跑的跑者、推著娃娃車的家長，看著這些來來往往的人群，可以讓我暫時脫離讀書壓力，先把學生身分放在一旁，用一種很輕鬆的心情，去感受這個社區的人群。

幸運的話，會遇上太陽正垂落海線，我便停下來找個適合的鐵欄倚靠著，靜靜地欣賞那海線跟太陽每天暫別的時刻，此時天空的雲朵會被調染成淡紫色，重疊著與夕陽周圍橘紅色的雲朵形成一幅美麗的圖畫，令人好生陶醉。

夕陽落下的時間短暫，所以我並不會駐足太久，等到天空重新被夜晚的暗色系粉刷後，還能獨自享受另一種夜晚的靜謐感，此時散步的感覺更為涼爽，眼前的景致被一盞一盞亮起來的夜燈點亮，是餐廳招牌燈、酒吧，還有排列整齊的路燈。

散步時，我很享受那種純粹的感官刺激，像是微風、氣味、天色變化、街燈、聲音等觀感，令人很放鬆、愜意，很適合一整天的活動結束，或是在工作完成後，把自己好好沉澱的獨處方式。

三、一個人吃飯

人每天都要吃飯，而且一天至少要吃三餐。小時候本來是習慣與人共桌吃飯，有時候因為用餐時間不同而錯開，所以後來變成一個人吃飯配電視；長大工作之後，變成不管在家裡、在外面、在工作之中，我都習慣自己吃飯。

在這裡我想要分享的是，自己在外面用餐的經驗。

已經數不清幾次自己在外面用餐了，我只記得最開始練習自己在外面吃飯的時候，真的很難受，不知道大家自己去吃飯時有沒有遇過以下的情境：

店員：你好，請問幾位？

客人：我一位。

店員A回答：（四處張望後猶豫著）一位幫你安排這個位置喔。

B回答：一位的話目前還沒有位置喔，要等吧檯區。

C回答：你只有一位嗎？那你可以跟別人併桌嗎？

（幸好，至少目前並沒有遇到謝絕單人用餐的地方。）

我一開始對於店員的問答或者位置的安排很敏感，我只是想自己吃飯，為什麼感覺好像一個想霸占四人桌的單獨客人，或者被重複問「一位嗎？」那種被認為自己吃飯跟其他客人不一樣的感覺，理智上雖然清楚店員並沒有惡意，只是想依照人數安排座位，可是不知道為什麼心裡還是會放大檢視這種「被特殊安排」的感受；後來如果店裡有單人座位或吧檯區，我就會比較傾向在那種座位用餐（面向牆壁的那種也有）。

往後，如果一個人吃飯，我傾向找比較小型的餐廳或者路邊小館，因為這些地方似乎才有多餘的閒置空間，留給我這種獨食的客人，即使人稍微多一些也不太需要跟其他客人併桌；生意太好的餐廳容易有很多的團體客人，相形之下，一個人出現在這種聚餐聖地顯得有些格格不入。除此之外，單人位總是讓店員安排位置很為難，其實一個人簡單吃就可以了，不需要加點額外的配菜，一人份就剛剛好，還有，不用回答那種總是喜歡問你要吃什麼的人。

還記得有一次去吃拉麵的時候，我坐在吧檯區，左右兩旁都有客人跟我一樣是單人用餐，我的面前就有餐具及自行取用的調味料，餐巾也可以方便地找到，椅下也有貼心的置物籃，讓我可以不用占據太多額外空間也可以舒服地用餐，店員點餐及送餐後會告知如果有其他需求的話可以如何告訴他們，接著就不再打擾個人的用餐時間。

我默默地吃著那碗豐盛的日式蒜味拉麵，一面感慨著日式服務風格是如此的貼心又替客人著想。在我的眼前是一扇玻璃隔板，裡面是一群穿著白色制服的廚師以及為我們準備餐點的服務人員，他們在廚房裡穿梭，手裡拿著廚具跟菜刀，也有人在熱氣蒸騰的熱鍋前替客人撈麵，他們可能對話著什麼，但因隔著玻璃我也聽不清楚，不過這種在廚房忙碌工作的景象，已經讓我這位獨食的客人感受來自準備食物者的用心，是一種不需加湯、加麵就能感受到的暖意，怎麼樣都想細細品嘗，誠心誠意的吃完這碗用心準備的拉麵。

我喜歡一個人吃飯也有幾個個人因素。因為一般在團體裡用餐時，常常都是你一句我一句，然後圍繞著各式各樣的話題，除了嘴巴吃飯以外，還會想要參與話題、回應某人的一句話，我的意思是，嘴巴很忙，又要吃飯又要講話，也許食物都來不及咀嚼就要接下一句話了。以前我也習慣在工作之餘跟同事用餐，不過常常會消化不良，可能會脹氣，或者輕微的腹部悶痛，後來發現自己真的沒辦法邊吃飯邊講話，索性自己找個小地方好好地把飯吃完，慢慢咀嚼食物，然後認真地喝口水，慢慢消化剛吃下去的食物。

有時候一個人吃飯會有點無聊，但也是一種平淡的享受，吃進去是實實在在的食物味道，也可以細嚼慢嚥，至少不會混雜入空氣，也不用含著菜飯接著講下一句話。偶爾自己吃飯，也挺好的。

四、一個人買菜

不管是大賣場、小型超市，還是傳統市場，自己到處走走看看感覺很不賴，想停就停，想走就走。因為這種購物活動算是有目的性，也是動態的，所以比較不會遇到像單人用餐時那種尷尬跟不自在；穿梭在琳瑯滿目的食材跟乾貨之中，可以慢慢研究營養標示，也不需在比價時顧慮時間，或在腦海裡思考菜單內容，完全不用顧慮別人在等候或是互相討論購買清單，只要自己決定就好。

大賣場的內容及分量眾多，因為我常煮一人份食物，所以比較習慣去小型超市，方便的是，我工作地點附近就有據點了。要是想購買蔬菜類的話，再跑一趟傳統市場，通常一個禮拜的三餐分量，我只要各跑一趟超市跟市場就足夠了。

雖然買的食材跟用品通常不會太多（至少一個人提都能應付），我還是喜歡在超市入口拿一台手推車，推推車似乎是一種超市體驗，像是「我要開始購物了」的那個前奏，車子裡可以擺放任何你喜歡、想買的用品跟食物，如果又看到特價品，可以自然地把前面買貴的商品放回去。

一人買菜，也可以慢慢研究營養標示，如果最近想吃清淡些，就可以少點調味料的或買些清肉，看心情買點咖哩或泡麵回去存糧；冷藏區我也很喜歡，有各式各樣的乳製品及飲品，可以拿來作為消暑的小點心，來點優格也不錯；最後再檢查生活必備的咖啡及雞蛋是否還夠，如此漫遊超市的小日常就結束了。常常在超市整區兜完後，手推車也七分滿了，逛完超市排列整齊的各式食材及用品，心情也放鬆起來了。

五、一個人睡覺

對於有孩子、有伴侶的人來說，一個人睡覺似乎是一種比較少遇到的情境，可能已經習慣枕邊有人鼾聲大作，或者，一邊聽著小孩的呼吸聲睡著。

睡覺是一種很特別的生理狀態，即使睡著了，我們其實也處於「在睡夢裡獨處」的狀態。這邊不針對睡著的狀態分享，因為在睡眠裡我們無法決定今天要不要做個美夢，或是不要發出鼾聲，這種狀態我們並沒有辦法自我控制。這邊要分享的是在睡前、醒後的時刻。

每個人在睡前喜歡做的事情都不太一樣，多半是幫助放鬆的事情，像是傳個訊息給朋友、回想工作上的細節、把身體伸展拉開、看一部短劇、與枕邊人講幾句話等等。其實不難發現我們在睡覺前的那一刻，還是不停地想要與外部連結，仍然把「自己的存在」拋諸腦後，於是帶著生活裡的諸多事物一起進入睡眠狀態（其實我們可以嘗試點別的）。

一個人的睡前，房間是空蕩的，被子是自己蓋的，枕頭是專屬個人的，寂靜到可以聽見自己的呼吸聲，也許還能感覺到心臟的跳動，是與自己非常靠近的時候。

我目前最喜歡的睡前時光，就是把累了一整天的雙腿抬到與牆壁呈九十度，感受那種拉開、輕微痠痛的感覺；燈光關到全黑，眼睛不再進入任何光源，然後播放無人聲的輕音樂（或是有時候也不放音樂），此時所有傳來的訊息、通知，都等到明天再說就好，讓所有感官、知覺與活動都停止，只安靜地躺著。

因為身體極度放鬆，我可能在這個時候會有進入睡前階段的神遊，重現了白天工作時遇到的事件，或是想到了那次與人聊到特別話題的時刻，還是漫遊到未來去了。有時候，什麼都沒有剩下，空白地睡著了；有時候，卻在思緒裡折返跑了好幾回，才好不容易睡去。

經過整夜的睡眠，精神、疲勞感逐漸恢復，於是神智從睡眠的最深處忽然間竄升上來，眼睛雖還未張開，但已經可以感受到些微光線，所有身體的知覺感重新出現，躺在床鋪上的柔軟、體溫上升的溫熱、棉被蓋在腹部的感覺，然後眼睛漸漸張開。睡醒不過那幾秒鐘的時刻，但那是初遇新的一天、新的自己的短暫時刻，嘿，醒來了，我們起床開始上工囉。

喜歡賴床的人睡醒的時間應該會稍微長一些，也許眼睛打開了又想懶懶的閉著，身體一動也不想動，想要等到最後一個鬧鐘也響了才面對起床這件困難的儀式，可能想繼續夢著剛剛來不及做完的夢，或是給自己多些甦醒的時間，多睡十分鐘，應該也還好吧？

晨起儀式似乎少不了刷牙跟洗臉，我常常睡眼惺忪的走向浴室，拿起牙膏跟刷牙杯，還好刷牙動作不是太困難，反覆同樣的動作就好，正好適合還沒開機完全的腦袋，微涼微辣的牙膏在味覺裡刺激著，完成牙齒清潔後，再往臉上潑幾次冷水，好不容易才從睡眠到醒來，開機完成了。

不知道大家有沒有聽過一個睡眠習慣分享，只要是新手家長都會遇到的難題——到底要不要讓小嬰兒自己睡覺呢？一般亞洲文化來說，為了確保嬰兒的睡眠安全跟方便家長隨時照顧嬰兒的需求，常常會跟嬰兒睡在同一個房間，或是睡在同一張床上。

不同的是，西方文化期望小孩從嬰兒時期就可以自己睡覺，所以除了前幾個月還在調整日夜作息外，之後會想辦法讓嬰兒自己獨處一室，或是跟年齡相近的兄弟姊妹一起睡覺，當然這個不是為了忽略嬰兒安全、愛睡覺的懶惰爸媽所想出來的辦法，讓嬰兒自己入睡，有更深層的意義（我聽過有些西方國家的家長會在嬰兒床邊加裝攝影機，可以監測嬰兒睡眠安全，也可以不打擾小孩的睡眠）。

讓嬰兒自己入睡，是要讓小孩從小就練習自處、自我安撫的能力。我們都理解嬰兒無法清楚表達，可能會有不安、焦慮、生理需求（飢餓、腹痛、皮膚狀況）、安全感需求等情形，通常會以哭泣的方式表達，此時父母都會有強烈想要安撫嬰兒的慾望，然而，一味地滿足嬰兒的所有需求，在西方文化裡是不健康的行為。

讓嬰兒自己面對微弱的燈光，不同於白天的夜晚光景，進入睡眠前也清楚地知道無人在身邊，只能自己乖乖睡著，如果感到不安想哭泣時，也只能自己好好哭完，哭到累了再睡去，是訓練小孩從小獨立、自主的方式，清楚知道自己是獨立個體，家人也是獨立個體，每個人都有自己的空間、自己的睡眠時間。還好嬰兒的睡眠時間通常比大人還要長，至少父母可以在清醒時看到嬰兒自己入睡時是否平靜、起床時有沒有自己好好的玩耍著。

一個人睡覺，睡的是一種生活態度，白天的忙碌隨著燈光暗去，在黑暗的空間裡，把自己沉浸在睡眠中，會夢到什麼、睡前想著什麼，都僅是一個人的事，不需跟誰交代。

六、一個人看電影

我最喜歡看的是早場電影，常有早場優惠，位置有很多選擇，人潮也不是太多。

早場電影的時間最早大約十點開始，即使睡晚一點，也不需要為了趕電影場次而催促自己的時間。早上的電影場次還有一個好處，就是不太需要訂票，因為早上的電影院像是為了你而開的，到了現場以後隨意挑選一部首輪電影、選一個隨便的場次進入，都有位置。

我在等候電影開始前的時間，習慣坐在大廳或售票口附近，很有趣的是，偌大的空間，只有三、四組客人在候場，也有單獨在等候、滑著手機的客人，比起周末晚間的電影院那種喧鬧人潮、擠到水洩不通的出口相差太多了。早場時段的電影院雖然冷清，零星的人潮，對我而言似乎也不影響太多期待著電影的心情。

在正片開始前，常會有預告片播放跟安全逃生指引，四周燈光也會漸漸暗去，像是進入電影世界的序曲，把你的注意力從日常生活裡的你，拽入一個充滿想像、不可思議、什麼事情都可以發生的電影世界。我喜歡看電影時，那種完全忘記自己、不管昨天在做什麼、全然變成一個電影觀眾的感覺。

偶爾忘記自己是誰、忘記要過生活、忘記要上班，還滿棒的。

一般我不太會注意其他觀眾在做什麼，除非他們真的做出太顯目的舉動或者妨礙到視線。躺在電影院的沙發椅上，靜靜地等待電影開播，一個未知的故事即將在眼前展開，興奮、期待的心情交錯著。

沉浸在電影情節裡，就如同活在電影螢幕裡的旁觀者，能夠真實地觀看每個角色的神情動態、一舉一動，還有氣勢磅礡的場景變換及特殊效果，想像力和張力十足的結合，讓觀眾一時一刻都不想錯過。這時，比起不停與別人討論電影情節，沉默似乎是更好的陪伴，讓我能夠更加投入劇情中。

電影到了尾聲，觀眾們都很期待會如何畫下句點，還有導演最後準備了什麼彩蛋驚喜給觀眾。通常電影快結束時，我們都會有感覺接近尾聲了，但前面的精采內容已經讓腎上腺素爆發，那種亢奮感似乎還無法因電影結束了就即刻停止下來。

那時，我偶爾會坐在位子上看著製作團隊的列表字幕，聽著電影音樂，為了冷卻一下情緒，還有讓自己慢慢從一個渾然忘我的電影觀眾，回復到清楚知道現在幾點幾分、等下回家該煮什麼當晚餐、明天幾點要上班的普通人。

一個人看電影最特殊的時刻，就是電影結束時，因電影情節滿溢的高昂情緒，一轉頭，卻無人可以相互分享、交談，需獨自面對那種如隔壁座位無人的空洞感，也忽然在那種時候強迫自己面對個人情緒的起起落落，只能一人離去的戲院門口，感到有些惆悵，突然不知該往左走還是該往右走，於是我便跟著心走，想回家就回家，想繼續在街上遊蕩就繼續遊蕩，因為自己一個人，隨便決定就好。

七、一個人運動

這是我很喜歡的獨處方式，運動能夠讓腦袋裡的想法活躍、精神狀態好、保持專注、身體舒暢，很神奇的是，自從開始自己去運動之後，我也觀察到許多獨自運動的人群，像是：戴著耳機的慢跑者、獨自在游泳池裡暢游的老人、在健身中心重訓的年輕人、在操場健走的婦女，以及獨行的單車騎士。

這種狀態，好似大家「一起獨處」，我們在同一個空間運動，可是並不需要互相打擾、交流，彼此存在本身就有陪伴的本質，類似於一群運動同好的群聚。

以下分享我自己去騎腳踏車跟游泳的經驗。

我一般都會騎石牌至關渡這條路線，在北投焚化爐附近可以找到連接石牌與腳踏車道的接點，路程往返時間大約一個鐘頭，是個強度、時間都很適中的距離。

腳踏車道在都市裡就像是一個僻靜又獨立的空間，有別於馬路上充滿汽機車速度壓力、交通號誌及道路名稱的分流，如果常開車的人就能體會到，馬路上的汽車就像是在競技場裡，大家忙著到達自己的目的地，也許是在工作中、通勤中，每個人都不想浪費時間，一顯示綠燈就開始往前衝，路途中一刻也不能鬆懈，否則就等著被後車按喇叭。

對於機車族的我來說，腳踏車是種速度慢到恰到好處的交通工具，是脫離行車規範跟馬路賽車場的一種獨立交通用具，也能夠依照自己的體能跟身體狀況決定速度，亦能在路途中享受前行的速度感。

於是，我循著方向脫離馬路區騎到了腳踏車道，終於鬆了一口氣，這裡不再是車輛的速度競技場，沒有號誌、沒有紅綠燈、沒有必須前行的壓力感，只需按照自己的速度前進，如果當時精力充沛，可以全速前行，如果剛下班只是想活動一下，也能悠哉地騎著，或是暫停一下也無彷。

在騎乘路途上欣賞路過的車友是其中一個樂趣，有時候我也只會看著前方直行，想想最近發生在周圍的事情，或是做一件很搞笑的練習——邊騎車邊唱歌，我把它作為一種有氧練習，因為在身體活動的條件下，還必須有足夠的肺活量去唱歌，偶爾會有一種來不及換氣的感覺，可是在這種速度與自由感的愉悅之下，真的只想大聲哼幾句歌詞，而且沒有人會關注，因為大家都浸在騎車的速度中。

如果騎累了就放慢速度，然後從手機播放一些慢歌，讓心情緩和下來，此時我大約已經在回程中，壓力與身體能量釋放完畢。離開了腳踏車道，返回人來車往的市區街道熟悉又擾人的交通喧鬧聲，還好我總知道城市裡存在著一處僻靜的獨立單車道。

再來分享一個人游泳的部分。

游泳是一種消暑又沁涼的夏日運動，每到炎炎夏季，冰涼的游泳池讓很多大人小朋友都很喜愛。我大約也是近夏季時開始會去游泳，台灣天氣越來越悶熱，三、四月以後就會有不停流汗的體感，這時候把身體泡在溫涼的水裡最舒服不過了。通常，在開始游泳前，最主要的事就是把個人盥洗物品收納好；大多數游泳池設有投幣式置物櫃可以使用，上鎖後便可以安心下水。

下水前會很矛盾，明明就想直接跳入冰涼的泳池裡，可是下水前還是不自覺地發抖，身體進入水池的前一分鐘也不停地在適應冷冷的水溫，於是，便強迫自己在水裡活動起來，或者跳一跳，或者揮動四肢，最快速的方法莫過於把整顆頭直接泡進水裡，讓水溫直達溫度中樞的刺激，一下就可以適應了。

我並不是很會游泳，因為以前接受過的游泳訓練很單純（學生時期學的）。游泳對我來說是一種消暑且不同於陸上運動的活動方式，最享受的優點就是可以免除運動會流汗這件事情，在水裡也能免除身體重量所帶來的負擔，還可以達到很好的心肺訓練。游泳的另一項特殊在於，在水裡游泳時感覺不到疲勞，但是回到陸上稍作休息後卻會異常的想睡覺，這倒是一件很有趣的事。

游泳時，待在水底下的感受，很奇妙。

我常去的泳池是五十公尺的長度，泳池兩側有不同深度，如同斜坡一般，最深可達兩公尺，因此當我由淺端游到深端時腳會無法踩到底，而我比較喜歡的部分也正是從深度超過身高的這段泳程開始。那時候開始有種離地的感覺，假如我中途有點停滯了，也只能靠雙手去帶動，讓自己的身體不要下沉。

獨自在深水區前行時，周圍的人逐漸稀少，彷彿這裡是專屬於你的泳區；身體與耳壓開始因為深水區的壓迫而變得明顯；很寧靜，寧靜到好似可以聽見水的聲音，如果把眼睛閉著，就像進入海底世界一般，身體那樣輕飄、那樣沁涼。

我很喜歡游泳帶來的感官體驗，像是：適應水溫的過程、把頭浸入水池的瞬間、整段泳程結束後微喘卻不會有流汗的黏膩感，以及在深水區把自己當成水母一樣的自由移動。不同於陸地上的悶熱難耐，水除了可以帶走體重的負重，以及免除汗流浹背的黏膩感，好像也能帶走不必要的小煩惱。

當我游到有點累的時候，就停下來看看周圍的人，有小朋友正接受教練的指導，有年長者在水中展現如同年輕人般的體力與持續性，有家長陪伴小孩戲水，更有身材姣好的青年們在泳池裡展現青春活力。泳池裡的人都享受著屬於自己的樂趣，而我則是在深水區找到一份專屬的靜謐，與一顆冷靜的腦袋。

運動時也因為身體條件的變化，像是心跳加速、肢體活動等等，讓大腦的活力更加充沛，還有專注於協調動作的配合，刺激思考，並產生調整想法的動力，很多時候，新的創意就誕生在運動之時。

一個人運動到疲累的時候，看看周圍的人群，為了讓身體活動與自己的健康，奮力的慢跑著、游著、繼續踩著腳底的踏板，汗流浹背的我們，流的是辛勤，以及為自己努力的汗水。

八、一個人唱歌

讓我來分享一件有關於收費的小八卦。各位知道如果一個人去唱歌，在KTV裡要收兩個人的費用（或稱作一人包廂費）嗎？是不是很讓人驚訝？我初次發現時，那種感覺，就像是懲罰你怎麼自己來占用包廂一樣。雖說荷包被硬生生超收了另一個人頭費，但礙於場所的作業規範也只好照單全給（就當作自己包下整個包廂囉）。

以前我到KTV唱歌時，很多時候都是一群人，或是與一位好友，所以根本不會有空白、冷場的時間，大家總是一進包廂就搶著點歌，把國語排行榜都點一輪，互相搶著麥克風，相互推託高難度的歌曲，各種吹捧、讚賞、自娛也娛人的大走音，搭配著歌聲的還有一群愛吃東西的人，必備的炸物拼盤跟點心更是擺得桌上好不熱鬧，那種氛圍下，大家都跟著歌曲樂在其中。

而那天就想狠狠地唱一番，於是一時興起的自己到KTV報到，付費後，我跟著店員到「個人包廂」，這空間幾乎是四人用的大小。環境簡單介紹完以後，我便點起歌來。

出門前還準備了一些歌曲清單，讓自己在點歌時不至於毫無頭緒，也想挑戰幾首好聽的歌曲。單人唱歌其中一個好處，就是同一首歌不管唱幾次都不會有人嫌棄你，就算唱走音了或唱錯了詞也不需要感到不自在，因為只有自己能聽到這種反覆跟偶爾荒腔走調的練習曲。注意到了走音跟忘詞的部分嗎？沒關係，再唱一次就好。總是可以在這種重複練習與挑戰裡，看到自己的瑕疵，和音域無法觸及的地方，但不用在意聽眾的眼光，因為自己就是唯一的聽眾，也是麥克風前唯一的演唱者，熟悉的回音，就是自己的聲音。

其實，一個人唱歌喉嚨會很疲勞，因為只有自己持著麥克風，連續歌唱不間斷，聲音會變得低啞，如果唯一的表演者休息了，就只剩寧靜的包廂。等到嗓子有點唱啞的時候，我會停下來休息，靜靜地坐著欣賞富故事性的音樂影片，把聲線放鬆，暢遊在音樂故事的情節，看著男女主角的神情，觀察主唱者如何利用個人音色，詮釋整首歌的內容，不管是歌唱方式、身體線條或手勢的動作，都能體會出歌手為了詮釋此曲釋放出來的情緒能量。

就這樣，單人的包廂裡，我一下扮演歌唱者，一下扮演聽眾，真的很忙。

我喜歡唱歌，是由於這種活動是很棒的情緒能量釋放方法，尤其對於平時無法適時表現情緒狀態的自己，除了是一種釋放累積情緒的活動，也是一種被創作者強烈同理的共鳴。當我盡力把自己投入在歌曲中時，會忘記平時生活狀態中的我，將理智跟冷靜丟在一邊，只隨著歌曲音調的起伏，那種渾然忘我的狀態，把所有的情緒、能量透過歌曲都唱出來了，當下我只跟著樂曲走，胸廓的起伏及自然的手勢都是身體的伴奏，陪著自己全情投入在歌唱裡，相當療癒。

你可以在包廂裡大吼，也可以飆唱李佳薇的〈煎熬〉，總之，外面所說的噪音，在包廂裡都變成麥克風底下的歌聲，如果找不到忠實聽眾，那就自己來KTV開個人演唱會吧。

自己一個人唱歌，可以挖掘個人的情緒黑洞，把過去各種記憶跟片段用歌曲找回來，那迴響的歌聲，就是一句又一句自己想對自己說的歌詞，當下我既是演唱者又是台下唯一的聽眾。

唱歌給自己聽，唱好唱壞了，都無所謂，因為，那都是自己的回音。

九、一個人坐火車

來說說自己去搭火車的感覺，這段路程是從台北到台東。

我幾乎每年都會坐這趟路程，因為台東對我而言是一個很特殊的地方，我對它的依戀不少於對台北的熟悉。這段路程可以選擇搭乘自強號或者普悠瑪號，約莫都需要四個鐘頭，是一個可能需要早起，還可以在火車上吃上美味一餐的時間長度。

我相當喜歡在火車站裡遊蕩，這裡似乎充滿了各種氛圍底下的人群。有的是家庭要團體出遊，有的是好朋友們要一起去遠足，有的是情侶揹著大包小包不知要去哪裡享受兩人的小時光，我總是不管在哪裡都喜歡默默觀察著人群，而我的眼睛也會不小心注意到那種跟我一樣，一個人拖著行李箱，安靜地等候火車到站的單人（每次都很想偷偷地走過去問問，你也跟我一樣喜歡自己出門嗎？）。

我習慣坐在窗邊，因為不想錯過花東鐵路沿線的風光景致。某次，我興致高昂的對號尋找個人的窗邊座位時，遇到了一件小麻煩，已經有人坐在我的位子上了。

是一對中年夫妻，我比比手勢向他們示意這裡是我的座位，他們也一副早已有所安排的樣子，興奮地用手勢回應我說：「我們是一起的，想跟你換個位子，你坐後面好不好？」那個婦人表示。

我停頓了一下，拿出火車票根，「不好意思，我要坐本來靠窗的位置。」我冷冷地說著。

然後，那對中年夫婦臉色一沉，婦人便悻悻然的請她先生回到後方位置，然後，我與那位被我拒絕的婦人尷尬地比肩而坐。還記得嗎？這趟路程有四小時。

其實單人搭乘交通工具時，偶爾都會遇到這種小麻煩，記得以前坐飛機時，遇到團體客人的時候也會被迫玩這種「換位子的遊戲」，而且通常對方都會比你先入座，好像那個座位本來就是他的一樣。

我的想法是，如果可以事先劃位，那怎麼不早點決定一起的座位？為什麼要跟當天坐你旁邊素未謀面的陌生人賭上自己的期待呢？而那還不是最慘的，最終他們成功換到喜歡的座位時，還會用非常熱烈的聊天噪音回饋你，讓你整段路程都相當惱火。

就算是一個人坐火車，但還是必須享有跟團體乘客一樣的座位的權益，個人權益不應被團體犧牲，你說是吧？

結束了「要不要跟我換位子」的無聊遊戲後，我便拿出剛剛在站外買好的熱騰騰大飯糰跟冰涼咖啡，用全身的飢餓細胞期待著鐵路早餐的開始。能在平穩移動中的火車上大啖美食，比起在平地吃飯更加享受，我喜歡一邊慢慢吃著早餐，一邊望著行進中火車的窗外景色，隨著列車行駛，一時進入山洞一片漆黑，一時快速路過綠意盎然的稻田；看到遠處的橋墩與溪床，對於長住在都市的人來說，這些自然風景實在令人心曠神怡，也讓食物吃起來更加地美味。

用完餐點後，繼續品嘗未喝完的飲品，而我的目光始終移不開列車窗外多變的風景，眼睛或隨景致飄移，或注視著同一個方向讓自己的狀態放空到極致，在速度的推移下，好像可以把注意力更集中在自己身上，彷彿在疾駛的列車裡看到靜止的自己。

這種速度中的獨處體驗，與在靜止環境下的獨處截然不同，即便我的身體確實沒有在移動，可我卻有種腦力與思考在疾駛的錯覺，而且總是感到創意像泡泡快要冒出來一般神奇，就好似速度衝破了思考模式，忽然把障礙物撞開了，轉眼間茅塞頓開，現在，除了冷冰冰的正確答案以外，好像還冒出了一些額外的選項。

我也會在火車上入睡，可能半小時或是一小時，有時介在睡睡醒醒之間，也會在恍惚中聽到下站到站廣播。還好我就一路搭到終點站，而到達台東時，我也差不多睡飽睡好了。

下車後，拿著票根要出站時，看到許多人正在出口迎接朋友或家人，也有很多車輛停在馬路上等候接待客人，而這裡的人，我一個也不認識。閃過五秒鐘的悵然後，便自己一人默默地走到公車站等車，看每次的運氣如何，有時候要等快一個小時公車。搭完火車後，緊接著就是一個人等公車的時間。

自己坐火車，在乘車前、乘車中、下車後會有許多情緒體驗，當我把自己放在一個駛向另一個縣市的交通工具時，心裡便跟流浪的情節搭上了一點關聯，在另一個別人的鄉土，拖著自己的行李箱，看著那些與我無關的人，強烈的陌生感油然而生，那是孤單嗎？那是憂傷嗎？這算是流浪嗎？而在這些複雜感受之上，還有一股清爽的氣息，那是自由的空氣。

現在，要往哪個方向走、要搭幾點的公車、想幾點到旅宿報到，隨意拿主意就好。然後，不知不覺，在這種獨處的時候，開始學習在內心裡自問自答。

十、一個人逛街

那是離我家很近的士林夜市。

基本上，這個北部的大型觀光夜市也算是我小時候的回憶之一，打從上國中開始，課後想要跟同學到處亂晃時，我們就來這裡逛街。我還記得，當時我們最喜愛的高熱量套餐就是「豪大大雞排再加杯珍奶」。

後來，士林夜市店家進駐得越來越多，汰換率也很快，除了陽明戲院前的攤販小吃街老招牌都差不多以外，一樓店家大概都換了好幾輪，過去學生聚會的遊樂區「都會叢林」也被取代了。即便如此，士林的高度商業化讓店家轉換率高，也帶來許多新的風氣，像是夜市市場重新規劃、異國餐廳進駐等，國際觀光業及外國旅客越來越多以後，連路邊攤大腸包小腸的招牌也多國語言化，可以看到英文、日文、韓文菜單是基本盤，有些還有泰文、印尼文等，十分照顧外國旅客，也真實反映了國外旅客的與時俱增。

那天是個夏日夜晚，我盤算著想去買點什麼，便一個人騎著機車到士林夜市附近。

其實，在夜市裡並不適合目標性太高的購物方式，假如你只想買鞋子，可是你會經過太多令你眼花撩亂的店家，例如：服飾、小吃、手機用品、玩具店、飲料店，穿插在你想去的鞋子店之前，也許就會忍不住去其他商店順便晃晃。雖然我自認為是可以把荷包守得很緊的人，可是被挑起的興致，偶爾還是會想放縱一下購物慾。

一個人逛街，走在大街上可以看到很冗長的人群，前後往往都是成群結隊的人們，我最常注意到的就是情侶跟學生群。夜市的輕鬆氛圍，很適合愜意無目的的亂走，看到什麼新鮮有趣的就拉著旁邊的人一起進去探個究竟，或選購喜好、風格都一致同意的商品，要不，也可以一起站在大排長龍的美食隊伍裡，等候著新鮮又美味的人氣小吃。在夜市人群裡，總是能感受到浪費時間的奢侈，跟不需要有目的地的輕鬆感。

自己走在眼花撩亂、五光十色的夜市街頭，可以隨心所欲地決定要浪費時間在哪一家店裡，或者每家都逛，或者只去想逛的地方，突然想休息了就找個階梯或便利商店坐著，不用告訴誰，直接從夜市隊伍裡脫隊。

一個人在店鋪裡選擇哪件衣服好看時，總會有熱心的店員前來問候，推薦你適合哪種顏色或款式，他們似乎對這些客戶交流模式已經演練純熟，不管你想到什麼可能不太滿意的地方，他們都可以給你一個體貼又不著痕跡的答覆，如果你說這個顏色可能對你來說太鮮豔，店員便會跟你說這樣看起來很精神、很年輕，如果你覺得這件衣服好看但對你來說太小，他們便會跟你說這種衣服本來就是穿貼身的，或推薦更多類似的衣服給你。

好像待得越久考慮得越多，他們就覺得你越有可能埋單，便越是緊緊跟在你旁邊等著你說「我想要這一件」。

如果跟朋友結伴去逛街遇到這種「有點埋單壓力」的情況時，可以有很多種脫身方式，可以演一場「朋友說不適合我」的小劇場，或者說個「錢帶不夠，等一下再回來埋單」的善良謊話，可是在一個人逛街時遇到這種窮追不捨的店員，還真是滿麻煩的。

可能是一個人的狀態與店員形成「一對一」的對話狀態，且我時常感覺到在一家店裡待得越久，那種室內主場的壓迫感就越高，而且當其他顧客都離開了，店裡只剩自己時，我感覺自己就像被盯上的客人，也是被店員關注度最高的時候，也許他們正殷切地等著你埋單，而你也莫名其妙地有點想帥氣的花錢然後揚長而去，此時荷包的開口好像特別難防守。

後來為了避免讓自己遇到這種窘迫情形，我會減少自己在「店內」考量買不買的時間，知道自己有選擇困難跟考慮時間太長的問題，容易讓自己跟店員陷入膠著狀態，於是盡量讓自己在「第二次光臨時」才決定埋單，或是在人潮多的時候適時離開店家，畢竟有時候外面的空氣比較清新，腦袋也可以比較清楚。

奇怪的是，我每次都好慶幸自己及時逃出美輪美奐的店面，即使我前一刻真的很想買下去、好想擁有那件東西，但我出來大街上才不久，那種物質欲望真的降低好多，理智瞬間恢復，其實我好像也不是真的想買它。

原來眼前的執著是短暫的喜愛，不是真的需要擁有。

自己一人逛街能夠享有整個街市上的輕鬆氛圍，也能隨時脫離熱鬧的人潮找到一處安靜的地方休息，我喜歡那種可以自由切換的彈性；而困難的是必須自己管理好自己可能失控的物質欲望，以及看到夜市美食時飢餓的衝動，但如果本來就是要去放縱的倒也無所謂，只需自己考慮清楚就好。

很方便的是，你想去的不想去的、想買的不想買的、想吃的不想吃的都已經在腦海裡自動整理好了，完全不用講話，只需要好好陪伴自己慢慢逛街就好。看到毫無興趣的餐廳嗎？狠狠的路過它！遇到上次很想仔細逛的精緻小店嗎？盡情花時間逛！

一人就這樣逛著逛著，沒有任何限制，這種獨處時候，特別容易默許自己的任性妄為。

十一、一個人聽演唱會

那也是我自己第一次去看演唱會。

以前就不怎麼對演唱會有興趣，因為覺得那只是一群瘋狂粉絲跟歌手的音樂盛會，如果我對那個人的歌曲一點興趣也沒有，真的不會想要花昂貴的演唱會門票陪別人去看，或是覺得在電視影音頻道上看一看現場演唱就過癮了。

雖然如此，但總是會遇到那一位特別的人將你帶進一個新的體驗。

這是我非常喜愛的創作歌手鄧紫棋，我很熱愛她高度原創的音樂，從聽到她的第一首歌開始，我就像是被拉進她創造的音樂世界一般，能夠用音域相當寬闊且渾厚的歌聲，展現每首歌曲不同的風格，尤其在她歌唱時的聲音張力十足，也被稱作鐵肺天后。即使身形相當嬌小，她的歌唱與創作實力不能小覷，是位年輕且具潛力的香港新生代歌手。

當時就很期待如果哪一天鄧紫棋可以來台灣開演唱會，真的很想親眼看到她本人，也很想在現場聽到她的歌聲。幸運的是，我真的等到了，當時她正在舉辦世界巡迴演唱「Queen Of Hearts」，其中一站是到台灣的桃園，心裡想著，我的機會真的來了，必須好好地抓住！

終於盼到演唱會當天，我獨自坐著開始營運沒有多久的桃園機場捷運，來到林口體育館附近，握著手上的演唱會門票，十分期盼地想像著待會將遇見的音樂盛況，規模多大？會有多少觀眾？現場氣氛會是如何呢？這些未知都讓從沒參與過演唱會的我感到相當亢奮。

在演唱會開始前一兩小時，體育館外面便開始聚集了零零散散的觀眾，還有幾處專賣螢光棒跟鄧紫棋周邊商品的小販們，以及相當了解人們會因為亢奮而飢餓的小吃攤販，貼心地在門外販售溫熱的食物或飲品。擔心自己一會兒在演唱會中體力不足影響觀賞心情，我也去湊了個熱鬧，買了鹽酥雞跟熱狗就隨意地開始吃。

其實等待開始進場前有段時間還滿無聊的，因為太期待和關注演唱會的開始，反而在等待時感到索然無味也缺乏耐心。一個人等待期間也無人可以談話，感覺時間遠比想像中漫長，我便隨處在會場附近逛來逛去，希望透過四處閒晃分散對時間的注意力。有工作人員在販售周邊商品，有歌迷在寫留言給鄧紫棋加油打氣，而我走到了鄧紫棋的大型海報前，忍不住做了一件事情——請別人幫我拍照。

其實我的手機有自拍功能，只是我不擅長用自拍，也覺得那種距離拍照總是不好看，不僅臉孔占據大部分位置，也看不太到背後的環境全貌，當時我便厚著臉皮請附近的陌生歌迷幫我拍照，反正大家都是來看鄧紫棋的，也算是同好，總不會被狠狠地拒絕吧。後來想想，還好那時候厚著臉皮請人拍照留念，不然可能連一張像樣的全景照都無法記錄留念。在照片裡看到憨著臉微笑站在海報前的自己，覺得好笑又真實，也記錄了自己在音樂盛會開始前的歌迷模樣。

不久演唱會即將正式展開，我一走到座位區便可看見全場的觀眾。這是一座大型體育館，座位區是環狀的，也隨著越內圈呈現往下的坡度，場地是一個U字形，主要舞台在U形的正前方。雖然我離舞台很遙遠，但是這樣龐大數目的觀眾席次，已經讓我充分體驗到演唱會會場的渲染力，每位觀眾臉上都寫著期待與熱情，群眾鼓譟著，都在盼著主角的到來。我的座位上已經貼心地放置了專用的螢光棒，在表演正式開始、燈光暗去後，螢光棒會隨著燈光的控制而變換顏色。

其實在觀看演唱會的情境下，我早已忘記「一個人的狀態」，因為全神貫注在演唱會中，隨著主唱者帶來的樂曲在音樂世界裡起舞，現場的歌迷同好們相當熱情，每個觀眾都沉浸在現場演唱者的魅力中，大型音響放送出來的陣陣重低音節奏，就像是控制了我們心跳的節拍器，大家又或隨之搖擺身體四肢，又或隨之一起哼唱歌曲，彷彿置身在另外一座音樂星球上，那樣地精神忘卻、那樣地徜徉在歌聲之下的洪流。當下，我們就像是沒有姓名、沒有社會身分、沒有任何煩惱的瘋狂音樂愛好者，只求一同歡聚在此時此刻。

精采絕倫的演唱會結束後，我看到慢慢散去的觀眾群，或者年輕人三三兩兩熱烈地討論著剛剛的表演，或者情侶互相陪伴離席的背影，還有家長離席前不停叮囑孩子要去廁所解放或討論著接下來的回程。忽然間，我從一個渾然忘我的音樂星球裡，獨自回到相對孤獨的人間，現在，我要自己去排隊上廁所，自己看時間幾點，自己搭車回家，自己消化太過高昂的情緒，也自己淡淡地回味第一次參加的演唱會。

在這裡，我體驗到同樂狂歡的凝聚與渲染力，觀眾們坐在同一座音樂郵輪上旅行，但也體驗到群眾離席時那種忽然的孤獨窒礙。在離開會場之際，我獨自處理心情的大起大落，感覺自己所有的感受，也許感到狂喜，感到意猶未盡，感到無人訴說，感到孤單寥落，然後慢慢將這些擺盪調整到平靜。

參加演唱會獲得許多關於音樂深刻的回憶，也收到了歌手滿滿的音樂能量，在長達一個多小時的捷運回程裡，細數著今晚一個人觀賞的美好。

十二、一個人去醫院看病

有人說自己看病跑醫院是最難熬的一種獨處，因為身體有病痛，心理狀態較平時脆弱許多，在那種無力或是身體極度不舒適的狀況下，通常會希望有一個人在身邊提供支持，像是：幫忙領藥、一起詢問醫療人員病情等，尤其是老人家自行看病，在行走、找位置、等候看診時，都比其他人動作來得緩慢。

以前，我在醫療院所工作時，看見老人相較於年輕人自己來掛號的模樣，感覺起來更加寥落，雖然不是刻意那樣想，但他們的背影看起來特別孤單，或者說，其實我替他們希望有個晚輩能夠在他們身邊陪伴……，等一下，奇怪，我怎麼會有這種想法呢？到底是誰告訴我們自己去看病很可憐的呢？

言歸正傳，這邊分享自己一人去醫院照胃鏡的經驗。

因為腹部持續間歇性疼痛了幾次，加上前段時間工作太忙，三餐進食時間不固定、常與甜食跟消夜為伍，醫生建議我可以趁這次檢查胃部狀況，或許是暫時的，或許是需要長期治療的，都需要檢查才能做進一步計畫，如果沒問題就藥物控制症狀，調整生活跟飲食就好，也可以客觀的解釋腹部疼痛的原因。雖然我知道檢查過程將會很難受，但也是為了健康因素得要忍耐，那幾分鐘總是會過去的。

為了檢查，前一天午夜就開始禁食，早上口乾舌燥也不太能做什麼，換個衣物、漱洗後就到醫院去報到。我坐在腸胃科檢查室前等著工作人員叫號，眼睜睜地看著那些剛檢查完的人們神態一派輕鬆，心想也許不會如想像中那麼難熬，安慰著自己大約十分鐘就結束了，很快就沒事了，在工作人員叫喚我的名字之前，我都還感覺在安撫自己的心情和打氣。

有！終於輪到我了，再也不用倒數了，像個小朋友怕牙醫對自己的嘴巴動什麼手腳一般，又假裝自己像大人一樣很勇敢的向檢查室人員報到。

進入檢查室，看見那些螢幕跟檢查儀器，還是感覺心臟不停的怦怦跳，等下醫生會怎麼檢查？我又會有什麼感覺？光是想到有根管子要伸進我的胃裡就覺得好噁心哪！護理師協助我做喉部局部麻醉，我忐忑地躺在檢查床上，蜷曲側身等候醫師大魔王的到來。

我也沒太多時間可想像，醫生就準備好檢查了，於是，我像個可憐的生物一般，咬住一個撐開嘴巴的刑具，那個中間的孔洞就是內視鏡鑽進我食道的地方，因此不論我的嘴巴怎麼用力掙扎都不會有任何效果。內視鏡開始進入喉頭吞嚥處時，有種強烈的噁心感，一直讓我作嘔、反胃，而不管怎麼依照醫生指示配合做吞嚥動作，由於內視鏡管徑太粗，讓我實在很想嘔吐，醫生也塞了好久才順利把內視鏡放入胃裡。一旁的護理師一直給我打氣和安慰，但我實在太不舒服了，雙手很用力地緊握，閉著眼睛不想看到可惡的醫生。太多噁心的感覺和作嘔反射，讓我忍耐到眼淚都掉出來了。

接著，我明顯感覺到有一根管子在我的肚子裡轉來轉去，感覺非常詭異，就像是胃裡有個堅實的長形異物，不像食物一樣柔軟；這個奇怪的長管還附有充氣功能，在我的胃裡一直送入氣體，把胃裡的皺紋打開。心裡一直想著再忍忍或許快好了，應該再五秒鐘就結束了，拜託醫生可不可以眼明手快，趕快把那根可恨的內視鏡從我嘴裡拔出來。一邊抵抗著身體的不適，一邊壓制自己高漲的負能量，只盼這地獄般的胃鏡檢查盡快結束。

檢查時間到底過了多久，我幾乎沒有時間感，即使很短暫，我也永遠不想再經歷一次這種恐怖。內視鏡終於從我嘴巴離開，我張開眼睛才知道，原來內視鏡的管徑居然跟五十元硬幣一樣寬，難怪我的咽喉異物感那麼嚴重。實在，不想要再看到它一眼。

我狼狽地走出檢查室，被那些排隊等候照胃鏡的病患注視著，心想，自己大概是檢查後表現很誇張的病患之一吧。我還依稀感覺得到作嘔的感覺未完全退去，腸胃道還在躁動不安，臉部微微泛紅熱，眼睛周圍的淚痕未乾。當時，我只想不顧一切趕快離開這個如同刑場的地方，如果有塊布可以自動把我憔悴的臉遮住，那該有多好。

從檢查室出來以後，實在很希望有個人對我說：你終於檢查完了！你還好嗎？現在舒服點嗎？需要我替你做點什麼？要不要一起在這裡休息一下？而那也只是我的幻想，我其實有一刻滿想要有個人陪著我做這些事情，但檢查完沒多久，我自個兒悠哉地去吃早餐了。離開醫院直奔早餐店，因為，真的好餓，不論我剛剛在想什麼都不在意了，現在只想好好餵飽我那可憐的胃。

一邊吃著遲來的早餐，一邊想想剛剛做完的胃鏡檢查，覺得自己看病或做檢查是一種很憔悴又很容易自憐的情境，因為在身體不舒適的時候，會無力、會虛弱，精神也跟著脆弱，要在這麼大的醫院裡自行奔走，實在有些提不起勁。

我們常告訴周圍的人要好好照顧自己，其實在身體微恙的時候，要打起精神，為自己倒杯熱水和鋪個舒服的床單好像都顯得太過艱難，這時候的獨處也很容易陷入自憐和厭惡的漩渦。

我相信，如果是身體狀況需要開刀或住院，獨處就不是一個會讓我想嘗試的情境了，至少身體狀況很糟糕時，要主動提出需要他人協助的訊號，讓周圍的人可以適時給予支持和協助，漸漸康復或最困難的時刻度過以後，再慢慢離開他人的庇護。

如果年老以後自己去看病，可能在高齡化社會裡逐漸見怪不怪了。期許自己和各位讀者都要好好保持身體健康，才能自己以平穩的步伐搭上公車捷運，以穩健又安全的身體狀態去掛號看病。

十三、一個人坐長程飛機

這段航程是我從台灣飛到土耳其伊斯坦堡機場，而那並不是我第一次自己坐飛機，可是我卻感到莫名的焦慮。也許是因為那次的飛行，是將我送往國外生活的單程票，要等到六個月以後才能回到家鄉，那樣的感覺渾身不對勁，又有說不上來的鄉愁，也是對於當時廿五歲的我而言最長距離的一次飛行。

在桃園機場託運完行李後，我到免稅區享受不需承受行李重量的自在，但那種愜意感消失得很快，走著走著，我發現身上除了後背包，身邊無其他屬於我的物品，身旁也空無一人，整條免稅街販售著與我不相干的東西，菸酒、化妝品、精品香水、名產類等，我卻一點也不想逛這些美麗又奢侈的商品。

在自己展開長途飛行的前一刻，心情突然湧入一股空泛，我要離開了，可是內心很空，好像整個人懸浮在空中，碰觸不到任何讓我感覺有溫度的東西，當時便抓著手機一直告訴家人我要上飛機了，等下會沒有訊號，報備著大概隔天幾點會到轉機地點，似乎很想在上飛機前刷點存在感，雖然還沒離開台灣卻那般地焦躁不安、惆悵。

到了登機門前，我在廣播的指引下與其他旅客一起搭上飛機。由於國際航班旅客眾多，等待所有乘客安全地坐在位置上、繫好安全帶是段冗長的時間，我也看見陪伴我們飛行的土耳其空姐空少們在走廊區來來回回，檢查行李櫃、安全帶、發放保溫毯給乘客使用，"Do you need a blanket?"陌生的語言開始在耳邊出現，而很多台灣乘客見到土耳其的空姐還不死心地用中文溝通，臉上寫著黑人問號的空姐們，還是很努力地用肢體語言繼續協助乘客們。

之後便開啟了一段台北到土耳其的飛行，飛機渦輪已經在運轉，機身已經滑向跑道，我抓緊短暫的時刻，在座位上靜靜地欣賞晚上的桃園機場晚間燈光，因為那是我唯一可以找到的熟悉感，默默地在心裡跟台灣說再見，等到飛機起飛以後，一切都將會是陌生的地方和語言。飛機終於起飛，機輪離地飛行的那一刻，便是我脫離台灣的時候，切斷了連結，獨自前往另一個未曾謀面的國家，感覺那樣的離地，那樣的不踏實。

已近夜晚十點，心想著也許我好好地睡一覺到天亮，張開眼便可見到陽光普照的土耳其，至少不是漆黑的深夜獨自在陌生的國度落地，那種感覺應該會更寂寞。但那也只是我心裡小小的期盼，因為，我根本無法好好地一覺睡到天亮。

我的座位靠近走道，所以常常會有乘客經過，身旁隔著一個空的座位與另一位獨自搭飛機的以色列女生相鄰而坐，雖然她嘗試與我攀談聊天，我們客套地用簡單的英文聊著自己的旅行目的，但是沒有多久我已經感到疲倦，因為我的焦慮與不安已經凌駕了我的精神狀態，好像連談話也會感到無法順利換氣，總是感到頭上有一種壓迫感。

沒多久我們便互道晚安，盡量讓自己進入夜晚的休息模式，希望藉著「睡著」來免去太多的擔心與幻想，撐過冗長的飛行時間。

在用完很晚很晚的晚餐以後，已經接近午夜時分，血糖上升後感受到一股睡意。終於在工作人員收拾完餐盤後，機上的燈光暗去，讓乘客們可以安心休息，我也在相當疲勞的狀態下把自己身體調整到舒服的位置，放好小枕頭、蓋好毯子，閉上眼睛讓自己好好休息，希望快點把過度運轉的腦袋關機。也許是太疲累了，我不知道自己是如何在那樣的狀態下睡著的。

然而，飛機上的休息很難保持安穩，總是會有一些小小的干擾，像是通道的走動聲、機長的提醒與廣播、機身偶爾的搖晃、乘客細碎的談話聲、身體休息姿勢不良的痠痛僵硬感等，就算我戴上耳機與眼罩，用毯子把身體全部蓋住，也無法免除這些影響。看開了無法好好睡覺的事實，於是我睡眼惺忪地點開座位前的娛樂影視，既然無法睡覺就看個電影吧！我隨意點了一部外語片來觀看，但當看得入神之時，又感覺到熬夜的疲倦感，關掉螢幕，身體又逼著我繼續閉眼補眠。

就這樣介於睡睡醒醒之間，也不曉得經過幾回合的睡眠拉鋸，忽然聽到機長廣播靠近伊斯坦堡機場的訊息，一時間振奮了我的精神，而空姐們也開始發放第二次的餐點，那是令人垂涎的西式早餐，歐姆蛋與馬鈴薯蕈菇，還有餐包與果汁。即將到達目的地的消息與食物，讓我一時忘記了睡眠不足與長程飛行的疲勞。

用著餐點，不禁查看起手機的時間，原來現在還是土耳其時間的凌晨時分，而我在距離台灣好幾千公里的飛機上等待著旅程的下一個地點，心裡總是想著台灣的時間、台灣的人、台灣的一切，我好像才剛剛離開，可是心裡無法一時就放下。對於新旅程的期待與家鄉的懷念就一直在思慮中交錯，也在飛機上獨自經歷無法與任何人對談中文的寂寞。

飛行旅程的尾聲，我收拾身旁的物品，確認手機、護照和機票都好好的在隨身包裡，乘客們也紛紛開啟行李櫃、收取個人物品。飛機落地了，機身在跑道上緩緩移動到達機場艙口位置，大家紛紛起身離開，我也跟上排隊離機的隊伍。雖然我很高興終於到達目的，但是，我好像還是無法落地，心中的不踏實一直緊跟在身後。這一座陌生的國土，又會帶給我什麼未知的體驗和風景？

進入伊斯坦堡機場後，映入眼簾的是大批西方臉孔人群，交錯著各式非中文也非英文的語言，還有土耳其當地的地勤人員，深邃的咖啡黑眼睛與挺立的五官面貌。於是下飛機後，我又進入另一種獨自的時光，在伊斯坦堡機場等候四個小時的轉機時間。

不得不承認，獨自坐長程飛機確實是一種獨處挑戰與煎熬，尤其在你前往從來沒有去過的國家，也不熟悉當地語言的地方，光是看到機場裡的指引和標示就會感到又陌生又寂寞，英文就算派得上用場，也無法完全消除心中的語言屏障。

長途飛行也是一種在獨處時必須好好照顧自己的練習，你必須自行保管好貴重物品，自行記得轉機的時間與地點，自行閱讀在飛機上與機場裡的航班資訊，肚子餓或口渴時自行找商店或餐廳，也要獨自帶著沉重的行李前往要去的地方，所有事物必須自行打理好，因為在偌大又繁忙的國際機場裡，沒有人會知道你是誰、你要去哪裡、你身上帶著哪一些行李，不管有什麼狀況，就是得自己想辦法。

十四、一個人過生日

一個人過生日，是什麼感覺？那不是令人避之唯恐不及的孤單終極版嗎？

你是否曾經一個人自己過生日呢？不妨告訴你，我的次數可多了，不過心境上倒是隨著時間有些不同。

在我的印象中，十八歲是學生時代過得最盛大的一次生日，廿歲也是一個成年的重要日子，我與家人一起度過了廿歲的那一天，從此以後，好像我的生日就不復存在一般，再也沒有機會可以好好慶祝了。從出社會上班以後，大家都過著非常忙碌的日子，似乎自己是哪一天出生的都會不小心忘記，或者說，我們根本不想認真記得，因為比起想起來的心酸，我們更想要簡單的遺忘就好。

這個對當時的我來說其實很難適應。過去總認為，生日這天我最大，不管是多麼淺交多麼不熟悉的人，在生日這天都至少會獻給你一個本日限定的燦爛笑容與善意，朋友與相識群聚在一起，找一個藉口大吃大喝，順便問候一下你的生日願望，點個蠟燭然後吹熄，不是這樣的嗎？每年都可以許三個願望，我的刻板印象，該不會是假的吧？

然而，並不是這樣的。就像聖誕老人的傳說一樣，這些童年所相信的美好事情，總是會在長大後的某一天瞬間破滅。

記得在我迎接的一個無人記得的生日當天，我的心情如此惡劣，處境無比悲慘，像個隨時都要抓狂的龍捲風，心裡默默哀怨著，大家怎麼可以忘記？況且，那時臉書已經開始提醒生日了，許多人不但不記得，還假裝沒看到提醒，這不是擺明了忽視我嗎？忿忿不平的情緒，就在以為大家遺忘自己生日的當天，像個火山一樣隨時要噴發，這個一年唯一一天的生日，根本就是一場適得其反的災難，比起其他普通的日子還要加倍煎熬。

第二次，我可是學乖了。請謹記，不要在生日當天一直檢查臉書的生日祝福，不然你會忍不住點名點到瘋掉。接下來，盡量把生日這天當成普通的一天，除了在心裡暗自知道這天又長大一歲以外，盡量假裝正常的上班和生活。其實別人也是如此，對於他人來說，今天再普通不過了，起床，通勤，上班，吃飯，休息，看連續劇，睡覺，日子不就是這樣嗎？哪還有什麼時間祝你生日快樂，每個人可都忙得很。

逐漸看開了這一點以後，某種程度上，似乎從那個需要別人祝我生日快樂的心態順利畢業了，至少，在倒數生日最後幾秒鐘，我已經開始學習對自己說：嘿，生日快樂。

現在，我只把那個在生日當天憤恨不平的自己當成一個趣事看待，也許我真的對於長大太感到失落了，變成一個自怨自艾的可憐人，但成長就是這樣，以前所認為的美好都在成長時一個又一個破滅，也不會有任何的好心預告片提醒，迎面而來的就是每日的現實與所遇所見。

後來想想，生日其實也是很私人的事情，這是屬於自己與出生那天的每年一度紀念日，真的只有自己可以體會到彌足珍貴的感受，如此想來，自己陪自己過生日，才是真的在過生日。

那時候，我萌生了為自己慶生和準備禮物的想法。我雖然不清楚自己的生日對別人來說的意義，但我自己很清楚，也為此感到意義重大，因為對我來說，沒有任何一歲是可以倒轉的，數完廿就到卅，數完卅就到四十，我不可能擁有重新過廿五歲的機會，為自己疼惜剛從身邊滑過去的年歲和時光，真的超級正當。

從想要別人替自己慶生的自怨窘境，到重新檢視生日的意義，然後自己乘上一路往南的列車，準備與自己慶祝這一年唯一的一天，細數剛過去的一歲裡，自身所發生的事情和變化，重新在腦袋裡播放自己的成長紀錄片，品味所有喜悅和失落，回憶起那個本來走不過去的坎，也許已經雲淡風輕，留在過往的年歲，化作成長痛的一部分，往年齡上堆積為一個成熟的樣貌，現在，可以輕輕一笑，只把這些經歷當作一章趣味豐饒的故事情節看待。原來，我曾經做過這些有點好笑的事；原來，我也曾經那樣鼻青臉腫的摔在地上過，可是呢，現在我還是好好的活在此刻只屬於我的生日這天。

生日這天，浪漫的替自己慶祝，給自己最誠摯的祝福，送給自己一個最溫暖的擁抱，因為這天，你是最重要的，謝謝你又捱過了一小段人生。生日這天，我真的沒有別的事情好忙，我選擇與自己緊緊的靠在一起，以後也必須這麼做，祝福我以後的每一歲，生日快樂。

十五、一個人國內旅行

有一陣子，貌似吹起了一股「屬於自己的小旅行」的風潮，很多人開始分享自己去進行獨自旅遊的心情和照片，也學著為自己的旅行拍照紀念，有一部電影叫作《享受吧！一個人的旅行》，更是共鳴了一人自己出門的爛漫情致。

而我呢，原因倒是沒有這麼勵志，當時純粹是因為「找不到適合的人」，又不想浪費休假待在一個大城市裡，所以我索性收拾好自個兒的簡便行囊，單獨出門去。不過後來，反而喜歡上這種不需找誰、配合誰就出門的行動，也體驗到了單獨旅行的自由與樂趣。

數不清楚是第幾次自己出門旅行了，這次我有三天兩夜的時間，地點選擇大台北隔壁的好鄰居——宜蘭，只需要一個小時的車程，就可以到達充滿自然與綠地郊區，以及溫泉和美食著名的城鎮，不必耗費大量的交通時間，就可以享受到東部專屬的清幽感。

乘坐客運，出了雪山隧道以後，迎面來而的是綠意盎然的田地，那整齊的水稻，方方正正、一片又一片的綿延著，僅是這樣在車內觀賞就讓人身心放鬆，看不到壓迫天空的高大建築物，沒有車水馬龍的十字路，啊！穿過此處，我終於脫離城市的隱形壓力綁架，也遠離了那條要一直往前跑、不能被追上的賽道。

來到羅東公園運動區，平日期間，還真的人煙稀少，除了看到一些住在附近的人會過來散步、遛狗以外，眼前就是草地與步道，跟一大片深色的湖水。其實這裡還不小，有很多條徒步路線，但我很喜歡不管地圖的到處亂走，希望地圖是在眼前和腳下，而不是長在手機螢幕裡。我特別討厭一邊查地圖一邊前進，除非真的走偏了，再來看看自己到底迷路到哪裡去了就好。

可以漫步於充滿綠意的自然之中，也可以駐足坐下來停留，不發一語的天空與綠地，好像是我最貼心的朋友，偷偷裝了耳機在我的胸口，接納自己所思所想與所有的沉默，一陣又一陣的微風，好像被大自然溫柔的吹拂著，靜靜凝視眼前這與我如此貼近的風景。

隔天早晨，來到大學時期曾經與同學們一起品味的普通中式早餐店，招牌上寫著親民的價格，少收那兩三塊都是一種城市裡難遇的體貼。店裡賣有油條燒餅、豆漿，還有各種口味的蛋餅與饅頭，雖然只是簡單的一餐，卻湧上各種回憶和畫面。老闆你不知道，我一走進店裡，看到這些維持著簡致又純樸的擺設，心中已經跑了幾回如跑馬燈的記憶。謝謝你還持續經營著這家早餐店，讓我有地方可以回味我的學生時代，這一餐，吃到了美味又平價的中式早餐，也重新品味了記憶中的宜蘭，特別高興。

午後臨時起意，坐了一兩站的火車，來到著名的溫泉區礁溪，徒步走到商圈區，有一處泡腳池，看到眾人都赤腳泡著暖熱的溫泉水，這是來到宜蘭必經的體驗。雖然不是將全身泡在溫泉裡的奢侈，但光是把腳上的鞋襪都脫掉，自由的把雙腳浸泡在溫水裡，就令人感到舒暢。

我光著腳划在水上，好像有很長一段時間不曾這樣，簡簡單單的讓腳泡個熱水浴。以前上班真的站立到雙腳痠痛時，不是疏忽了在睡前抬腿，就是隨便花五秒鐘貼一塊冰涼藥布在小腿上，而非常容易想到的「泡熱水浴」這種物理舒緩方式竟然可以忘得一乾二淨。實在想不通，為什麼我住在城市裡時，從來沒想過把腳好好地放在熱水裡放鬆呢？來到宜蘭的一處泡腳池，我才察覺到，自己真的很少好好安靜下來，城市裡的複雜，已經完全覆蓋掉了最簡單的道理。

因為那天徒步的行程很多，除了泡溫泉讓腿部稍微舒緩一下以外，當然也少不了令人垂涎的道地美食。捱著飢餓難耐的腸胃，徒步走到改店遷址的老店。經過一段時間以後，這個肉羹店家遷址，把門口整理得美輪美奐，換上顯而易見的招牌，整齊的點餐路線和候餐區、方正又寬敞的內部座位，讓過去擠得水洩不通的小地方變得井然有序，煥然一新，客人不需要再辛苦的排上好幾個小時等一碗肉羹，得以坐下來，在舒服的地方享用道地的美味。濃濃的蒜味肉羹，是一種只有在此處才能享用到老店的滋味。

結束了白天東奔西走的行程後，晚上我習慣待在住宿區附近，買了晚餐後就回到房間裡盡情的耍宅耍廢。換上寬鬆的衣物，坐在床鋪上，看看綜藝影片或者訪談節目，瀏覽一下白天拍的風景照，回想一下那時候見到的畫面。

旅行期間，單獨待在外宿房間裡，感覺與在自己家裡特別的不同。一般來說家裡可能會有一種熟悉感，家中會有其他人一起同住，即使在不同房間，也會有人同在的感覺，你大約也知道鄰近區域的街景模樣，需要買什麼直接去附近同一間超商，你總是不需要擔心缺少了什麼生活用品，也不會有任何陌生的味道。

而當我獨自處於一個未曾來過的地方住上一晚時，一開始會有些微想念家的感受，環顧一下四周的物件和擺設，看看身上所帶的物品就那幾件衣服和用物，支撐著這幾天的短暫旅行，自己待在一個陌生的房子，沒有一位認識的人，學習與自我共處，學習怎麼照顧，安排自己的每日所需，這些倒還不是太困難。

我認為不容易的是，怎麼去面對在這時顯得相當裸露的自我，和長時間面對完全無人對話的環境，那種感覺就好像是，有一個一模一樣的我，現在就站在自己的眼前，近距離的面對面，在內心的視線裡無法做任何閃避，自己會有一點被壓迫的感覺，呼吸有些費力，不知該如何是好的心煩意亂，以及有點難以平靜的度過這種「就剩我面對自己」的時候。

度過了那前期在寂寞邊緣徘徊的亂流以後，心情才稍稍平靜下來，能順利的與自己的孤獨感好好相處，回想我今天去了哪些地方、感覺如何、遇到了誰、看見了什麼新鮮的、想到什麼難忘的事情等。關掉電燈以後，這個房間裡就剩我和自己私密的談話，或什麼也不思考的，讓意識直接被睡意帶走。

獨自一人的旅行，總是讓我印象深刻，雖然出發時，都有些掙扎到底要不要尋找旅伴，但後來在過程中和結束後已經印證了，也讓我不再需要猶豫，把自己訓練成最佳的旅伴。除了把個人的行程超簡化與彈性安排以外，心裡也不斷提醒著自己，和別人出門旅遊是很美好，其實，和自己出門旅行也是一種獨占的享受，那種不需與誰分享的難得之處，自己出門，很方便又很自在，只是要練習接住隨時交替來襲的自由與孤寂。

十六、一個人國外旅行

這個單人的國外行程，是意外發生的。本來，我打算和朋友一同到羅馬冒險，殊不知，她在前幾個星期通知我，因時間因素無法與我同行。看著已經預訂好的行程和機票，我的心早已飛往羅馬古城，便促使我接納這個意外的安排，好，那就讓我一人去冒險吧！儘管出發前一天心中還在忐忑著如果語言不通該怎麼辦，儘管前一刻我還是感到胃裡有一百隻蝴蝶在擺動，不論怎樣，只要坐上飛機就頭也不回了，放馬過來吧！

當天早晨的班機，迫使我在太陽未升起前，搭上凌晨的公車前往機場，那漆黑的夜晚還未甦醒，我就已經繃緊了全身神經面對接下來的個人挑戰。老實說，這趟獨自國外旅遊，對當時的自己來說絕對不容易，還記得我勉強著尚未睡醒的腦袋，死死盯著公車時刻和班機時間，雙手緊緊抓住個人背包，深怕遺漏任何一個細節影響旅程。我在心中緊張著一百件事情，就像是自願要跳高空彈跳的白老鼠。

其實，我根本不知道自己有沒有足夠的勇氣和應變力，能夠面對這一趟旅程。

隨著班機降落在羅馬機場後，我一部分的心才稍稍落地，在排除片刻壓力後，終於能夠讓自己以舒適自在的速度，繼續接下來的行程。在中央車站的站內，我一邊自行逛著，一邊欣賞車站裡美食與旅客的交錯，那繁忙的車站裡，有無數飢腸轆轆又匆忙的旅客，與各種映入眼前的義大利美食，披薩、沙拉、肉腸、海鮮、三明治、麵條，令人看了垂涎，亦富新鮮感。同時，耳邊聽到陌生的義大利語對話，和歐洲人五官挺立又深邃的外貌，那是一種因為環境改變和語言力量的呈現，所營造出來的臨場感，此時，在心中驚呼著，哇！我真的已經來到了義大利。

到旅社放置行李後，我開始徒步在城內遊覽。羅馬其實是一個格局很方正的城市，四通八達、棋盤式的道路，如果方向感良好的話，其實不需要地圖或導航就可以隨意行動，俗話說條條大路通羅馬，這句話在當地得以印證。前往名勝古蹟的路上，欣賞這座與歷史、宗教、藝術結合的大城，人行道上的雕刻與噴泉，教堂的美感與建築藝術，迥異於台灣的水泥叢林，完全展現出義大利民族生活美學，在街道上行走時特別能夠沉醉在這種異國文化風情裡。

隨後，徒步到了幾處名勝歷史古蹟，最令我印象深刻的莫過於矗立在眼前的羅馬競技場，如電影一般的場景，偌大的橢圓形建築，以及內部的設計與血腥的競技過去，對於歷史和建築物的敬畏，在心中油然而生。

漫步在歷史古蹟裡，特別有種與古人交會、在精神上進行時空之旅的感覺，然而現實中，我仍然是一個隻身的影子，在腦海中的劇場，以及被藝術與歷史觸動的神經，隨著方才行經的偉大建築物翻騰著，偶爾見人群或家庭或朋友的成群而行，顯得自己像是個一意孤行的旅者，在人潮中竟顯得如此突兀，心中不禁浮現一陣酸楚，因為，我確實是個被中途拋棄的旅伴。

才走了一天的古蹟之行，卻好像歷經了好久好久的獨自試煉，心中滿懷的感動與情懷無法對任何人訴說，內心的孤獨感已不知不覺迴盪了千百回。有時不禁想著，為何我這麼堅持一個人跑來這裡正面迎接孤獨，可是下一秒又覺得，即使有千百個群眾圍繞在身邊，也許我仍寧願選擇獨自欣賞藝術，享受純粹與自己的時光。

坐在特雷維噴泉旁，看著把此處擠得水洩不通的遊客，找到一個小小的空間，靜下心，閉上眼，將硬幣投在許願池裡，默默許下了願：我不期盼此刻上天賜給我一個很好的旅伴，只希望祂能給我一些勇氣，給我面對孤獨的力量，讓我能夠順利地獨自完成接下來的異國之旅。

人們常說，藝術是孤獨的產物，走在這個千年歷史與藝術的古城，見識到許多晦澀難以理解的藝術品，交織著歐洲文化的故事、背景、宗教，讓我不禁思考，究竟是什麼原因和力量，讓古人能夠創造出如此雋永的雕塑和畫作？背後所背負的理念與相信是什麼？而他們又是在什麼樣的生活條件下，完成這些當時可能不被接受的鉅作？以及，他們到底花了多久的時間，獨自在作品前付出辛苦和努力？

站在這些古代文物面前的我，深深感覺到，即使相隔好幾世紀，人類的孤寂，是一直以來都存在著的，古人與我的心中其實有著一樣的煩惱，但他們是走在時代前面的孤獨先行者，讓出生在好幾個世紀以後的我，好生景仰如此神祕又美麗的孤寂風采。

回顧藝術作者的故事，他們的人生中，似乎都在經歷藝術和孤獨不停碰撞的歷程，也是他們擁有與眾不同情懷的藝術發源處，不論在失意時、悲傷時、痛苦時、憂愁時、悔恨時、感到無人能理解時，這些人生經歷和挫折使他們產出的作品與人相互連結，相互產生共鳴，成為人們精神的仰賴和支持。我總覺得，如果古人留下的文物只有喜悅和快樂，那該有多麼膚淺無趣。負面心境與憂愁，跟積極快樂相較起來，都是平等的，皆是人與生俱來的感受，唯有曾經困頓與失意，懂得人們為何流淚、為何而受傷，我們才能理解真正的生命，願意同理與自己不一樣的人，也得以變成更加完整。

走完了在偉大建築裡的時空歷史走廊，我的腳步，被優美的小提琴聲給吸引住了，依循著旋律走去，原來，是一位義大利男子在戶外的聖天使橋墩旁，倚著河岸的美麗景致，為路過的人獻上一曲又一曲的小提琴樂音。看到他那樣沉醉於自己的音樂中，閉上眼睛、身體也隨之舞動，完全將精神投注於此時此刻的現場演奏，讓許多聽眾駐足聆聽，感受到弦樂的魅力。柔美的琴聲，通過男子的演奏傳遞到現場每個人的耳中，我的心，似乎也隨之起舞。

音樂是一種穿越語言的交流媒介，沉浸在他的弦音裡，我暫時得以脫下獨自一人旅行時必須裝備的冷漠面容，柔美樂曲已經融化了我的鎧甲，此刻，你與我雖是陌生人，彼此說著不同的語言，但好像沒有任何距離。透過音樂，我能夠立刻感受到這位小提琴手把自己投身到音樂裡的愛，藉此，我與他得以牽起一個連結，撫慰了我的小小傷感，也為之所感動，深深感覺到即使身在異國，也有一處淡淡的溫暖。也許，他就是聖天使橋墩旁的音樂天使，帶著滿滿的音樂能量，滋養了人們即將枯竭的靈魂。

太陽西沉之前，我帶著滿滿從羅馬城收穫的藝術感動，和對歷史建築物的崇敬，回到相對現代又普通的住處，吃著在國外吃特別美味的簡便泡麵當晚餐，或與室友搭上幾句話，或是獨自在房裡沉澱休息，也暗自欣喜的為自己感到小小驕傲，出發前的焦躁不安，與現已置身羅馬三天即將為旅程畫下句點的我，代表完成一人外國旅遊的壯舉。至少，在我出發以前認為是不太可能、太過艱鉅的，沒想到，我還是可以做到，那時，燃起一種在未來想鋪設更多國外自助旅遊的熱情想法。

黑幕降臨的夜晚，半夜時分，室友都已經入眠了，在暗暗的房間裡，我坐在床旁，捨不得就這樣睡下，更捨不得離開這個美麗的藝術歷史古城。看著窗外昏暗的街燈，橘色的微光打亮在街道上，為晚歸的行人指明回家的路，這羅馬的最後一夜，靜謐得如此美好。回想這趟旅程中，充分地感受到獨處時交織而成的每種個人時光，或悲傷、或孤獨、或喜悅、或感動、或平靜的，現在，我更相信自己的獨立性了，也明白了一個道理：苦尋慰藉不是感到孤獨時的唯一選項，只要接納心中的孤獨感，孤獨會給予你無限可創造的空間。而後，我滿足的跟著睡意進入最後一晚在異國的夢境。

現在，請嘗試任何可以一個人完成的事情

以上是關於我個人的獨處經驗，純粹與讀者分享，相信能夠帶給你比較具體在獨處狀態的畫面，和在獨處時會遇到的情形。有沒有哪一件事情你也曾經單獨進行，而讓你印象深刻呢？自己當時的狀態是怎樣的呢？你還記得你如何和當時的自己共處嗎？有沒有讓你回味無窮的時候呢？那時自己對獨處的詮釋是什麼呢？

然而，這些僅是我在個人層次上非常局限的經驗，每個人可以把獨處的時間和強度依照你喜歡的活動去做體驗，例如：一人去衝浪、一人去動物園、一人去森林、一人長途開車、一人做志工……依此類推，我相信，每一個人都可以找到

自己最佳的獨處活動和配方。

看似平淡無奇的獨處世界，就像一個萬花筒，透過雙眼獨自看見，透過每個人雙手獨自去創造！

請你起身，去挖掘，去發現，去看到，去感受，和我一起，找到獨處中自己的多種樣貌。

第二部

獨處的挑戰與價值

一 獨處會遇到的心理狀態與挑戰

我們來談談獨處的心理挑戰。

獨處本身其實沒有好與不好，就像人總會在人群之間流動一樣，偶爾融入人群，偶爾脫離人群。只是，當一個人處於被動的獨處時，或者不熟悉獨處的情境，很容易會有負面的情緒感受和充滿煎熬，像是：多愁善感、無法忍受孤單一人、自憐自艾、感覺無聊、焦慮不安，此時，好像多一分鐘的獨處都會感到窒息。

接下來的內容，我們來看看獨處時常遇到的幾種內心狀態和挑戰。

一、孤單無助

孤單感是獨處最容易產生的一種情緒，隻身一人的形影，偶爾會認為自己被人群遺忘或丟下；在團體中找不到自己的存在感，進而產生對自己存在價值的懷疑。

單人狀態下的自己，總會感覺到他人眼神無意間的冷漠和芒刺，覺得有人會注意到自己所處的孤單情境；越是寂寞感倍增，越是有種隱形壓力，在心裡碰撞著。因此在人多的地方，或者自己認識的人群裡，想要好好專注的獨處更加不易。

無助感是種極度孤單下的副產品，因為自己單獨一人，手腳軟弱無力，無法輕易仰賴他人，感到無法做到任何事情，也不相信自己可以獨力完成，失去了可以好好支撐自己的信念。

其實，獨處與孤單有時是相交的，有時是平行的，當我們主觀的感受到「我的孤單」一時，其實孤單無所不在，即使你身處在一群關係很要好的朋友當中，只要孤單來襲，那是連自己也沒辦法控制的強烈感受。

我們其實也不必逃避這種感受，只要靜靜地與它共處。假如你常常在人群裡習慣了，對孤單感並不熟悉的話，可以試著去認識它，體驗它，把它當成一種新穎又個人的精神體驗；可能會有點難受，可能會有點煎熬，可能會感受到內心的不舒適，可能會感到不安全，那都是很正常的。

而當你習慣孤單時，孤單也會習慣你，你們會慢慢變成不相斥的夥伴，讓它靜靜地陪著你在獨處的時光，而你也有機會給予孤單另一種看法和解釋。

二、焦慮不安

獨處時的焦慮感，容易讓自己對於很多事情感到擔憂和無法掌握，進行太多內耗型的無謂思考，像是：擔心自己和社會關係剝離、主觀認為獨處會影響到人際關係、覺得自己表現出在社會裡不在乎的姿態、猜想自己是不是特立獨行與人群脫離、無法穩定自己在獨處時的內心複雜感受、過度擔憂眼前的事情等等。

我覺得最難克服的，是選擇脫離群體的焦慮。在意識到自己需要個人空間時，卻無法適時脫離群體，或者不敢主動表態自己要離開現場的窘境，因而造成在群體裡無法專心融入，無法表現出適當的參與度。因為對於脫離群體無法感覺真正自在和放心，可能會認為自己的行為是脫離秩序的，進而產生很多不安與擔憂的想法。

三、對自己感到陌生

面對長時間的獨處時，很可能會對從來不認識的自己感到陌生。其實我們常常自認為對自己很熟悉，卻鮮少靜下心來沉潛到自己的內心世界裡。也許，你從來都是一個很有自信的人，也覺得完全知道自己的想法和個性是什麼，但卻沒有辦法體會自己的內心感受；也可能充滿害怕，沒有辦法跟最真實的自己自在相處，平時只是不斷游移在一層厚厚的外顯性格，已經脫離最原本的自我，找不到內在和外在的諧和感。

你可能很少有機會和自己對話，因為面對一般的人際關係，談話與相處才是認識的方式，只不過，同樣的方式，並無法認識與自己無時無刻相連的自己。

有些隨著長時間厚積的自我價值與自我認知，已行之有年，無法輕易突破，也可能讓一開始嘗試獨處時更顯艱辛。你可能會自行產生很多的衝突感受、想要逃避的想法，需要花很長的時間把自己梳理清楚，去窺探個人已經被塑造許久，或者內隱、壓抑許久的情緒、性格、個人特質等。

獨處，可能使你聽到太多來自自己的聲音，讓你感到太過真實，你可能一直花時間在想，如果有人知道自己處於獨處狀態，會怎麼評判自己；你一直覺得自己有些事情總是做不好；發覺自己還是想要與別人建立深厚情誼來逃避自己的內在；不想知道自己更多的內在想法和模樣，因為陌生而始終無法面對，就像你不能真正的好好照鏡子超過一分鐘，只想停留在網路的雜訊和膚淺的言語中度過。你不善於跟自己好好相處，不想只安靜地跟自己在一起，因為獨處是這麼安靜又純粹到令人無法忍受。

有些是很隱私的個人內在狀態，平時也非常困難去察覺，如果沒有辦法透過長時間的沉潛和獨處，我們仍然會以過去最習慣的方式去過日子，而不曾感覺到任何異狀，但是，並沒有真正的與自己真實接觸過。

四、擔心他人的看法

當你被注視著為一個人的狀態時，你會感到如何？你會認為自己很可憐嗎？看起來很寂寞嗎？你會在意別人對你的看法嗎？而你所擔心的別人的看法，事實真的是如此嗎？你所想的他人觀感真的都有發生嗎？

這些過多的自我意識，和對於他人看法的主觀解讀，讓自己無法自在的獨處，就是，我們常常會主動地幻想他人對自己的想法。

不管他人對於自己的看法如何，其實我們都無法真正的去證實，有時候也只是個人主觀的猜測，但這些猜想多多少少會影響到獨處的專注度和品質。因為把想像力浪費在不實際的擔憂和猜測上，造成多餘的情緒感受，使得自己的獨處時間仍受到周圍環境的影響，花費時間在無法真正控制和預測的事情上面，其實都是不必要的。

此時，試著盡量把注意力拉回到自己的身上，專注在眼前的事物，重複告訴自己，現在是我獨處的時間，沒有人可以打擾我，除非我願意。把自己暫時放在一個人的宇宙裡，不去在乎任何的雜念和那些關乎他人的想法，現在自己就是所有行動和思想的主導者，那些別人的想法暫時不要去在乎，那些別人的行為也不需要注意，把全部的精神和思緒都放在個人和眼前的事情本身，好像住在一個厚厚的玻璃罐裡聽不到任何雜訊，屏蔽掉任何可能介入的訊息，讓自己可以安心的獨處，也可以自在的把精神投入自己想要的事物上面，沒有什麼事需要擔憂。

五、缺乏與他人連結感

人與人的情感連結是歸屬感的一部分，也因此我們的生命有了溫度與親密感。獨處時，我們忽然把所有關係鍵都斷掉了，你覺得無法接觸到與你相關聯的人事物，感覺不到來自關係裡的溫度，好像突然被送到冷凍庫裡、沒有人會記得自己一般，會難受，會憂傷，感到被遺棄，感到痛苦，因為我們並不確定如此會讓關係如何發展下去，擔心感情在不知不覺中消磨掉，這樣的情境更常出現在伴侶、家庭緊密關係之中。

這些都是很常見的情緒感受，我們每天跟不同的人會面、交流、噓寒問暖、談話，這是正常人生活裡的一部分，而獨處會讓我們丟失掉這些與人連結的感受，人們下意識地想要補足，盡可能想減少獨處，但礙於擔憂關係變得疏離，因此也無法在獨處中獲得真正的自在，殊不知有些關係裡的空洞其實是由自我冷漠所造成。

在一個人與他人的連結感非常微弱時，常會產生憂鬱、不安、沮喪、被遺忘等負面感受，覺得自己好像從來都沒有存在過一樣，只是被漏掉的一個名字。

如果你清楚知道自己很需要獨處的話，不妨對你所擔心受到影響的關係去做一些推論：

【憂心親密關係的疏離】對你所擔心因為獨處而可能會受到影響的對象和關係去做一些說明和開放的討論。例如：

我有自己獨處的需求，我們可以討論一下嗎？

有時候我需要自己的時間，我想要單獨做一些自己喜歡的事情。

當你總在我身邊時，我無法真正的專注在自己身上，我們能不能一起試試看給彼此個人的時間，這樣我會很高興。

我希望我們彼此都是舒服又完整的狀態，我需要一些個人空間去釐清個人內心和感受。

試著去討論看看彼此對於獨處時間和關係的感受與影響，如果有擔心或恐懼的話，原因是什麼？我們願意一起去面對和處理嗎？給彼此一些嘗試期，然後給對方回饋，進行下一步的調整。

【自己容易感到連結的匱乏】如果自己是比較容易對獨處感到關係匱乏的那一方的話，在自己身上就會出現較為明顯的人際關係疏離感，容易在四周無人、單獨一人的狀況下感覺很寂寞、很寥落，不想面對自己一人和沒有人可以對話的時間，也會急於想回到有人談話、有人可以坐在你旁邊的安全模式，這在獨處嘗試期都是很常見的。

此時，我們可以很認真的想一個問題：這個恐懼和不安全感是完全真實的嗎？還是我自己創造出來的？除了恐懼和匱乏，我可以給這些感受一些比較客觀、中性的解釋嗎？譬如：安靜、空泛、單調、靜止、無聲、明顯感受到自己的存在等（我把它簡稱：將你的獨處去妖魔化）。

如果你自行把恐懼製造出來了，那麼你完全有可能把它除去，只在你的一念之間，和你如何解釋它。不要迴避它，也不要強硬的抵抗它，把它當成獨處的必經之路，慢慢跨過去。

然後再次向自己保證，我並沒有要永久的獨處，而是要學習和嘗試安全又自信的獨處，我將能慢慢習慣這些與以前不一樣的人際模式。我暫時脫離關係並不是為了要破壞彼此的情感，而是給彼此個人空間，當我可以自信的獨處時，甚至可以保護親密關係，並分享獨處經驗給我的伴侶。一再告訴自己獨處是一種安全又非常自然的個人狀態需求。

六、過多內心雜念、無法專注

我們在嘗試獨處時，可能會感到無聊、思緒混亂、想東想西、分不清楚這些是來自他人還是自己的想法、過度主觀的自我評斷、不停注意來自外界的雜訊，這種狀況就是——你想盡辦法讓自己獨處，可是並沒有辦法真正的獨處，只是在強迫自己以「一個人的狀態」去參與周圍的事情。

進一步的說明，意即：好，你現在終於自己一個人了，可是仍不停去注意別人在做的事情；因為無法排除自己的無聊，容易被音訊和吸引人的外界事物干擾；因為自己無法集中精神，你試著在一旁看別人正在做的事情，而且當別人回應時，你也會不由自主的就建立起與他人的互動。你只是很想獨處，但你沒有靜下心來願意讓自己獨處，就算你身邊確實沒有任何一個人，但你的腦袋裡已經住了一百個人在裡面。

假如你有以上這些雜念的話，會使獨處更加困難重重，但是，當你試著把有品質的個人時間拿去關注這些多餘的干擾時，便不再享受於、專注於自己的獨處時光，也沒辦法發揮獨處的價值。

千萬不要在此刻就放棄練習獨處，獨處的過程就是一再的嘗試，一再的調適。沒有人能夠一下就學會獨處，今天獨處十分鐘就算成功，明天再多一分鐘也是成功，你周末去跟朋友團聚也不算失敗。我們不需要對自己究責獨處上的失敗，只需要像學生一樣不斷地學習這段歷程，依照需求反覆調適自己的獨處方式。

七、想要脫離獨處

如果無法處理以上的內心感受和挑戰，確實很難能夠長時間的獨處，也無法處於真正的獨處。對獨處感到排斥，會想辦法進入人群、滑開手機來逃避獨處，遠離自我、暫時獲得脫離獨處的藉口以後，將會離獨處越來越遙遠，也越來越無法接近自己。

這時，我們會想要脫離獨處以求獲得短暫來自人群的歸屬感。人們總是很容易在群體中獲得歸屬和愉悅感，比較能夠感受到自己的存在價值，但是隨著人群的流動和脫離，我們總會重新回到獨處，像是人去樓空時，或聚會散去後，終究我們在漫漫人生裡還是會面對一次又一次的人離聚散，當我們不善於獨處，也不熟悉於自己的存在和安全感時，我們終究仰賴他人生活，也必須仰賴他人，而且會真的認為自己無法獨立於社會之中。

因此脫離獨處便不是一個主動的選擇，總有一天會「被獨處」。如果前面已經失去熟悉獨處的機會，以後只能被獨處孤立，當獨處無可避免時，它就像是我們一再碰頭的強敵，在過去已經失去與它切磋的機會。

想要脫離獨處時，可以先檢視，自己是想要迴避，還是哪種情緒壓力太大，還是有任何的原因。這裡沒有對與錯，只是要認真的進行原因分析，我們可以藉此看看讓自己無法繼續獨處的原因是什麼？它是不是會重複發生？每次的原因都不盡相同？把它記錄在紙上或私人日記裡，在下一次需要獨處時盡量讓自己不被這個原因干擾。想一想這點為什麼困擾著你，你能不能把這個原因當作要突破的瓶頸，以一種正向的方式對自己產生鼓勵，並且選擇再次嘗試。

其實，沒有人能一天二十四小時無時無刻與他人相處，在張開眼與闔眼的那些時候，每個人都在生活中扮演好自己的角色，在地點中轉換自己眼下的任務和事情。其實我們都很清楚，終究還是要面對獨處的，除了擁有各種穩固的社會關係以外，我們還是要想辦法照顧自己的每個面向，不論是樂於在人群間的，還是喜歡孤獨的人，都會在某時某刻需要一些個人的時光。

請試著把獨處時最窒息的缺氧感嚥下去，你將有機會發現一片比想像中還要大的專屬天空。

二 在獨處與人群間切換

不曉得，你有沒有注意過在生活中，從一人獨處打破沉默到人與人的對話，乃至從人與人的互動中回到獨處的轉換？

這邊我們來談談「獨處」與「在人群裡」的切換處。

我們不會一天二十四小時獨處，也不會二十四小時在人群裡，總是在地點、情境、狀態間需要做切換。當我們進入辦公室時，會自然的與同事談話、交流，而我們需要個人專注空間時，可能會戴上耳機或到一個比較安靜的位置工作，這是一種切換，意味著，人們依照不同的情境需求，轉換到自己所需要的狀態。

比較接近理想的個人需求狀態是，你知道你需要獨處，也能夠自由切換，而你需要人群時也可以直接融入，很清楚地知道自己需要多少比例的獨處和人際互動。你沒有那種勉強自己在人群裡的時候，也沒有那種因為獨處脫離人群的任何負面感受產生，不論何時，你都是自由且主動選擇的。

這裡提供在「獨處」與「人群」兩種狀態間切換的心理訊號和行動，在心中出現訊號時，我們如何回應，如何行為，產生了我們在狀態間的轉換。記得聆聽由自己發出的特殊訊號，並且做出適切的切換，幫助我們順利地在生活上依照需求轉變。

一、從人群到獨處

你本來正處於一個團體、社群、人群中，感覺到筋疲力盡，腦中太多聲音與紛擾，很需要休息和沉靜下來。

∧內心出現的訊號：

1.現在的對話已經毫無意義。

2. 這些並不是我感興趣的話題。
3. 我對某些人的談話感到反感。
4. 我覺得我的腦容量已經來到極限。
5. 我感覺需要一些安靜。
6. 我對太多的刺激已經感到麻木。
7. 我幾乎快要對別人喊出：閉嘴，安靜點！
8. 我好像有些想法目前還不太清楚。
9. 我此刻不需要談話。
10. 如果現在有個單人帳篷我會進入。
11. 我寧願現在耳邊沒有任何聲音。
12. 我幾乎無法聽到自己的感受。
13. 我可能會想靜下來自己想一想。

任何訊號讓你感覺到可能需要獨處，甚至你發現，你想待在洗手間很久時，那就是它了！現在，改變的行動就可以展開。

Ⓐ行動方式或可以使用的理由：

1.向人表示目前自己很疲勞，需要休息。

2.在離席前表示要先行離開。

3.找一個比較無人的空間坐下來。

4.戴上耳機、回到自己的車上。

5.進入廁所。

6.找到戶外陽台。

7.有交通時間壓力必須離去。

8.晚上需要休息時間無法太晚回家。

9.肚子餓了要去便利商店一下。

10.打開筆電或一本雜誌顯示自己正在忙碌中。

11. 表達對此主題較無興趣。
12. 表示不想耽誤彼此的時間。
13. 有下一個約會正在等候（跟自己的約會）。
14. 我比較習慣自己處理。
15. 請給我一些私人空間。

二、從獨處到人群

發現自己所需要的獨處時間已經足夠，希望打破安靜，想要補充一些活力和回到人際網絡中，感受人與人之間的交流和互動。

➤ 內心出現的訊號：

1. 我想看看人們的表情。
2. 我需要與人對話。

3. 我可能會想聽他人的意見。
4. 我正在尋求另一種觀點和看法。
5. 這裡可能需要一點聲音跟活力。
6. 我被自己無聊到不行。
7. 很好奇他們正在做些什麼？
8. 想了解有些人對此的想法是如何？
9. 我想要與人產生互動感或連結感。
10. 最近有哪些新鮮的？
11. 我想聽一些未曾聽過的點子。
12. 我現在可以分心一下。

任何你覺得需要打破沉默，或你想要向人開口的時候，那就是它了！展開打破獨處行動，就這裡，透過肢體、眼神、表情、行為、言語來重新開始人際互動。

△行動方式：

1. 嗨，你們在討論什麼嗎？
2. 拉開座位，進入桌位中。
3. 我也想來杯咖啡。
4. 能坐下來和你們聊天嗎？
5. 這裡有位子坐嗎？
6. 剛剛我錯過了什麼精采的談話？
7. 你剛剛也不在這裡嗎？
8. 觀察眼前群眾正在進行的活動，一起進行體驗、討論。
9. 在群體中隨機找到一個人談話。

我想這個部分應該不難，只要你重新開始人際互動就可以了。

轉換這兩種狀態的實務操作上，我認為從人群回到獨處是比較困難的，因為偶爾人們會背負著一種罪惡和背離他人的感覺，例如：我們需要早退和先行離開時，往往需要向他人解釋和說明，偶爾會遇到比較困窘的情形。

其實，我們可以把它想成，這是一種禮貌性的告知，和個人需求的權益，不用主觀地解釋別人的想法，也不需為此感到罪惡，這就跟小朋友要求要自己在房間裡專心寫功課一樣正當合理。

練習在適合的時間，利用已經出現的內心訊號，去明確辨別你目前需要的人際狀態，然後再以行動去改變周圍的情境，使自己變成一位個人狀態的主導者，不再被動接受所有迎面而來的情境。

如果我們想當一艘自由航行在海洋裡的小船隻，就得想辦法學習如何觀察天候、怎麼掌握船舵，才能自在的持續行駛。

我在人群和獨處之間的切換按鈕

說一則個人的小故事，我的印象很深刻。

那時，我正在一個喧鬧的聚會中，從我坐在那個飯局的一個小時後開始，我便感覺如坐針氈，屁股完全不聽使喚的想離開那張椅子，只不過呢，菜餚還沒上完，十個人裡有五個人的話還沒說完，因此，再怎麼樣我也要讓自己黏在這張椅子上，就算我再怎麼想要從這邊逃出去。那時我還真羨慕小朋友可以拿起杯子玩要活在自己的小劇場裡、下桌跑來跑去、精神渙散的要聽不聽大人講那些道理，小朋友就是有這種天生的特權。

好不容易大家都吃飽喝足了，我終於可以心安理得的離席，奔向一個人的海闊天空，卻又想到不一會兒又是跟家人的小聚會。雖然那也是我自己想去的，但當時那種人群交流的密集和聲音讓我直感頭疼，就算前一天再怎麼期待，當時我只能把我的軀殼送到對的位置，靈魂已經消散到不知何處。

我記得，後來我與家人的談話如同丟掉人格一般的空泛，愚蠢到我自己都不想繼續談下去。察覺到自己的異狀後，我便突然提出一個奇怪的要求：我要去房間休息一下。

然後，我把自己放在一個無人的房間裡，眼睛閉上，目的不是真的要休息，而是讓自己的精神得到放鬆和喘息，雖然後來真的放鬆到睡著了，而我也得到了空白和安靜。當時如果我不夠認知到自己需要獨處，那我將會把那份怒氣和躁亂帶到下一個人群中，或者是對自己生悶氣，也不懂自己在討要什麼。

幫自己按下待機

我深刻的理解到，把那個開關按掉，對自己來說是多麼重要。你或許以為自己可以放電、開機一整天不用喘息，但是從來沒有在適合的時間按下待機鍵，只是迫使自己使用些微的電源，支撐所有的事情，更糟糕的是，沒有人會比你清楚你需不需要待機，因為別人都看你好好的、正常運作。我們必須理解到，不太可能會有人主動替你的肌肉喊痠痛需要休息，你得為自己感覺，為自己的身體和狀態發出聲音。

按下關機，再重新打開，真的會比你以為二十四小時都要開機好多了。我們要為自己節省能源，用在真的想運用的地方。千萬不要放棄任何可以進行獨處的適當時間，獨處是你與自己相處最好的方式，你得為你的獨處發聲，就像你為自己出聲一樣重要，在你需要的時候，用力去捍衛你的獨處時光。

你知道嗎？我們得學習先馴服自己，才能在草原上與其他人一起熱情奔馳，沒有人可以每天都待在陽光下曝曬，總有些時候我們需要一個屬於自己的暗房。

無法自己一個人的人

獨處其實不是一個絕對的需求，不過我們可以將獨處和社交當作是一個相對和比例的概念。就我個人的觀察而言，大多在我的同輩以及更廣泛的年齡層中，很多人不曾談論過獨處，或者說從不需要學習獨處的方式，很多時候只會主觀的解釋成「一個人的時間很多」、「孤單的時候」、「不知如何排解的寂寞」、「自己一人很寥落」等等，隨後會有一些附帶而來的後續動作，例如找樂趣、找遊戲、找朋友、去聚會、尋求對象等等。

有時候，我們越是為了閃避什麼，然後去找個東西補起來，通常一開始有幫助，可是後來你會發現那個空洞感還在，其實我們的洞一直就在那裡，很可能就在自己身上。

問題不在於你身邊究竟有誰，而在於你和自己之間。

後來我漸漸發現到，最好但是也最慢的方法就是，直接找到心中的洞口，然後辨別它、認識它、與它和平共處。有時候是人們主觀的給予「獨處」和「一個人」一些奇怪的解釋，才讓很多人避之唯恐不及。沒有辦法獨處的人，終其一生都要跟自己對抗到底；可以獨處的人，會跟自己相處得很好，但不是絕對的孤僻，你可以有自己的能量，如同自己的太陽能板，你懂得為自己提供光源，也能為自己補充能量。

由於，我曾經也是無法好好獨處的原受害者，但透過一路探索獨處、與自我相處相伴下來，雖然中間交錯著很多面對獨處時的挑戰與壓力，但在這裡，我想要語重心長地為獨處辯護，也算是自我告解，其實，我們可能都誤會了獨處。

願意自己一個人，是你為自己提出最高的尊重和負責，也使你能夠完整自我。

一種絕對的黑白，陷入強迫分類的處境

生活中，每天都要丟垃圾。丟圾垃要依照分類，而垃圾分類有一般、紙類、塑膠類、鐵罐類、玻璃類，每次丟垃圾的第一件事情，就是要搞清楚手上這個垃圾的分類是哪一種。因此，在某種深度的習慣上，我們很喜歡將事情和觀念分門別類，因為這是人們認識新事物的一種方式，以利於歸納整理、幫助我們理解這件事情的一種途徑。

於是，人們喜歡把事情分為對錯、好壞、黑白、有用沒用，好像許多事物在我們的眼睛裡只有二分法，就如同我們看待每一件事情一樣，必須要把它們做一個分類和標籤化，才有辦法去認識和歸類它們，就好像每一種垃圾都需要自己的桶子，以至於有時候，我們無法忍受有任何一種不能被分類的東西，因為那顯示了我們無力去為它做解釋和說明。難以分類的東西，教人頭痛，讓人很想要趕快找一處或許不適切的分類納入。

事情並沒有好與不好，是人的想法在作祟。

其實，從不同的角度來看，很多的事情面向都是模糊的，只看人們要怎麼解釋、給予它他所認為的意義。分類幫助我們以一個比較統籌的方式，去理解一切的事物，但分類和定義不是唯一的辦法，「絕對」也容易讓自己走入死胡同。把我們個人對每件事情的思想和解釋擴大，試著不要用單一個方式去解釋每一件事情。

面對獨處和社交也是一樣的，你可以認為社交不可或缺，也可以認同獨處，我們不需要對任何一種人際模式舉圈圈跟叉叉，這兩個不用被迫放在天秤的兩端比較誰高誰低，這都是一種方式而已，而我們隨著個人的需求和傾向，去調整這兩種的比例就好。你可能需要比較多的獨處，那就盡量把時間拉長；你很享受社交活動，那就減少獨處的時間。

我並無意要改變人對於社交的愛好和需求，但非常希望在重視社交的社會氛圍之下，提出獨處對於人們的重要性，而獨處也該是我們不可長期忽視的個人與自己的關係。

獨處很自然，也跟社交一樣重要

其實獨處就跟社交一樣的自然，都是人際關係中的一個部分，我們需要跟別人建立關係，也要跟自己建立關係。光是去認識別人，卻完全跟自己不熟，有時候很難去理清自己的人生脈絡和故事，尤其在年輕時，我們忙著建立朋友圈、感情圈、與家人保持聯繫、努力工作，在這種時間擠壓的狀態下，根本沒有時間去認識、探索自己的內在，或者鮮少人覺得這是值得重視的事情。與人的交流是重要的，探索自己的內在也一樣重要。

其實，僅在我個人局限的經驗和觀察中，就已經發現到，有沒有了解自己，會深刻地影響到你與其他人際關係的互動。人們終其一生，都要想辦法去理解自己到底是個什麼樣的人，那不只影響了自己的人生，也交互影響到與我們相關的人際關係。

三　絕對的獨處——只有自己的單人劇

在你有印象的記憶中，試著找找看，與自己相處最長的一段時間，可能是一段旅途、走過最遙遠的一段路、聽過最漫長的一首歌、爬過最久的一座山、好似吃了幾個世紀的一頓飯，回想看看你感受與自己最靠近的時候，是在哪個時刻？那個離前一次開口到下一次對人講話最長的時間大約隔了多久？你能想像當時的自己，跟平常時候的自己，有什麼不一樣的地方嗎？

如果你已經看完第一部第六章的內容，希望你已經嘗試過單獨做一些平常不會自己做的事情，那麼也許你能有比較好的體會。

這章我們來談談非常極致的獨處狀態，也就是前面提到的除了一般的獨處以外，第三種，最長時間、最漫長、最需要主動營造跟專注進入的獨處狀態，你可以稱這個感覺為：非常明顯感覺到自己的獨處、極致的獨處、最強大的獨處，甚至是最孤單的獨處，好似整個地球上只存在著自己一人，全部的人類只剩你還在呼吸。我先稱這種獨處為——絕對的獨處。

完全一人的絕對獨處

這段時間裡，你好像不會感覺到任何人的存在，無法被任何外界的人事物影響，思緒裡全部是你和自己的對話及空間，幾乎所有的外在感官全部都被關閉。你願意全神貫注的沉潛到內心最深的地方去，到幾乎沒有任何人曾到過的內心土地，就像存在於無人的太空艙裡，那樣的與世隔絕。

我不知道有沒有所謂的「絕對獨處」，但我非常想傳遞這個感受和經驗給讀者。如果你已經很習慣人與人之間的歡愉和喧囂，也清楚理解那種屬於一個人的快樂，我想跟你說，這種獨處可能是你以前未曾想像過的。

我可以說當時自己以為深受這種獨處所殘害，但也因此挖到最珍貴的寶物，現在更深深被吸引著。這就像是屬於一個人的極限運動，可能要歷經險途、相當具有挑戰性，也可能讓你心力交瘁，須越過炎熱的沙漠和冷酷的極地。經過長途跋涉的內心之旅，你將有機會看見不一樣的東西。

這裡我想分享一個自己體會最深刻、極度面對自我的絕對獨處經驗——與憂鬱共同獨處兩個月。

無法面對自己的我

我曾經在部落格裡分享過自己廿五歲時單獨前往歐洲遊學的經驗，當時我抱著無比雀躍的心情，去迎接褪去職場工作者的下一個新身分——遊學生。對於異國探險的興奮和期待，讓我在倒數的前幾個禮拜高度亢奮，對未曾謀面的歐洲世界感到新奇，也對即將踏入的單人學習之旅充滿挑戰之心，但當時我也沒有想過，這件事遠比我在台灣做過的任何事情都還要艱難，也不知道我即將在那時面對我最無法好好面對的事情——我自己。

為期六個月的遊學期間，最後兩個月對我而言是極其痛苦的，由於對台灣的思念之情、學習壓力倍增、與室友的聚散離合、情緒上的自責與批評、社交壓力等等，讓我去歐洲遊學的心情已經消磨殆盡。最困難的事情，就是搞定我自己，而壓垮最後一根稻草的是——我那糟糕的人際關係。

人際關係，是從有記憶以來讓我最感到棘手又痛苦之事，我對自己的認知是，我傾向內向，不喜歡講很多話，討厭熱鬧的地方，對社交缺乏興致；但我表現出來的性格是，我願意交很多朋友，我很樂於跟朋友邀約外出，我對於很多事情幾乎來者不拒，同時我看起來好像對自己很有自信。其實不然，我明白這些都是假象，是為了配合他人標準、社會期望而營造出來的形象。

可是到後來，我發現自己真的很不想一直找藉口拒絕別人，不想聽那些無聊的廢話，也對別人之間發生的事情興致缺缺，自己怎麼老是在裝模作樣。我每天看似笑容滿面地去上課，回到宿舍後卻板著一張麻木不堪的臉面，我真的笑不出來，也無法再繼續假裝下去。我的情緒一直襲擊我，我難受，我矛盾，我衝突，我不自由、不誠實、不自信，更無法真誠面對他人，滿滿對於自己責難的話語在耳邊縈繞。那段時間裡，我真的一句話也不想對誰說，一步也不想踏出房門。

我開始翹課逃避人群，只待在宿舍不想接受任何朋友的邀約，我在房間裡看著有趣的電影和書籍，卻一點快樂的情緒也沒有。一開始我不知道自己到底怎麼了，也無力處理已經完全癱軟的自我。我打開眼睛時，就會感受到那滿滿糟糕又自卑的心情，閉上眼睛時憂鬱也不會放過我，讓我在睡覺時也與它形影不分。那時我不知道這可能是憂鬱症，但回頭看看那些症狀，大略有幾項都吻合了。

近兩個月的獨自面對自己

幾乎有長達兩個月的時間，我對一切外界的事物完全毫無興致、無法正常與朋友交流對談、沒有動力想繼續生活，對自己感到厭惡、責難、毫無價值感可言，當眼神與別人的雙眼交接時，會讓我自尊心瞬間崩塌，無地自容。吃三餐只是為了難搞的肚子，而那些時間的流逝對我來說一點意義都沒有，我的精神好像沒有真的活在那些日子裡，只是讓身體的軀殼看起來有點事情做。

我只感覺得到，那麻木又不堪的靈魂。我生病了。

我記得我躺在自己的床上，眼神空洞又無神的直視著天花板。為什麼我會把自己變成這個樣子？為什麼我這麼懦弱？為什麼我已經是個成人了但好像還是跟小時候那個害羞靦腆的女孩沒什麼兩樣？我不喜歡我自己，我討厭自己的內向性格，我也怨恨自己性格上的殘缺，讓我無法像別人一樣如同蝴蝶般在花園裡光明正大的跳舞著，這到底算什麼人生？躲在一個幽暗又潮濕的暗巷裡，蜷縮在一個沒有人願意看到的角落，我甚至連自己身上的傷痕都不願意去看見。如果我不曾伸出需要被援助的手，真的不會有人靠近，甚至知道我的狀態如此的慘敗。礙於自己的面子問題，不願意跟任何在身邊的朋友深談內心的傷痕，便打給遠在台灣的家人，先是表達自己在異鄉的心路歷程，以及人際關係的狀態，還有不太願意出門的情形。依照我非常愛面子的個性，我也很難對別人講出我很需要心理支持這種話，我先是把抱怨他人當作情緒出口的理由，再慢慢透過談話和自省，一點一點看到自己最原始的模樣。

請原諒我，一直沒有看到真正的你——這是一個對自己遲來的道歉。

終於理解，那個一直誤會自己的我

原來，我一直在誤解自己，把自己當作從來不是的那個人。內在衝突的產生是有原因的，因為我一直假裝是別人，不是我自己；一個活在別人軀殼裡的自己，當然會感到痛苦。在我印象中，這個原本的自己已經對我呼喊了好幾次，從上學開始，上了高中，去了大學，甚至出社會工作以後，都在聲嘶力竭地喊叫，但是我選擇壓抑、忽視，也強迫它變成我想要的樣子。

於是在這次長達兩個月僅剩我們之間的抗爭，已經變成大革命。在那種極度單獨和一人的狀態下，我們始終一對一的彼此面對面。放下所有的武器，我終於看見完全赤裸裸的她，她也看見筋疲力盡的我，雙方的兩敗俱傷，到底是為了什麼？我為什麼要如此狠心的對抗自己，而她又為什麼如此固執的面對我一次又一次的傷害？

其實，我一直沒有真的理解過自己，不曾成為過自己。

誠實的看見，是我給已經遍體鱗傷的自己最好的敷藥。慢慢的，我們不再互相衝突，彼此重新理解和原諒，看著彼此的傷口隨時間延長漸漸癒合，我和自己感覺到越來越完整，開始坦承的理解及諒解彼此，也在過程中建立起對話的管道，透過一些日常獨處的時光，我開始在心裡告訴和聆聽關於自己的一些事情，那些對話好像專門寫給自己看的，而我也收到很多來自她的回饋。漸漸的，我的衝突、矛盾、情緒壓力、憂鬱都慢慢減少了。

我深刻的體認到，知道如何與自己的內在和諧相處，對我自己來說竟如此的重要。

還記得閱讀過一本書，是由台灣的心理諮商師寫的，探討到很多人的暗黑情緒，包含悲傷、憤怒、矛盾、憂鬱、嫉妒等等，裡面提到一個概念：「憂鬱，是憤怒的迴射。」當我讀到這句話時，彷彿被子彈貫穿了腦袋，心裡那個藏得很深的箭靶被打中了。

原來，我的憂鬱背後不是憂鬱，是對於自己的憤怒。

其實表面上以為的那種憂鬱，很可能是沒有被正確辨別的憤怒，裡面藏的也許是很深沉的自我憤怒。想一想，那個沒有名字的憂鬱裡，背後是不是有未被處理好的憤怒？可能是對自己的，對別人的，試著用憤怒去解釋它，譬如：我對什麼感到生氣、憤怒。

這讓我聯想到與我誓死奮戰的自己。我感到完全失去控制的憂鬱，其實可能是在對自己感到憤怒，所以當我試著去做一些讓自己感到愉悅的事情時，一點幫助也沒有，我沒有感覺到憂鬱的改善，那顆沉重的石頭一直原封不動地壓在我的胸口。其實，我是對頑固又無法被改變的自己感到生氣又無力，因為就算我再怎麼努力，也無法撼動自己，由於我不願對自己拔刀怒視、正面交鋒，才讓這場冷戰拉長了時間，冷漠變成最鋒利的凶器，不溝通、不爭執、不面對，使得彼此越來越疏遠，切割為兩個樣子的一個人，憂鬱成為彼此之間存在的唯一氣息，散落成一地冷冰冰的灰燼。

如果未曾在長時間的獨處裡，如此清楚的看見那個慘敗的自己，我或許需要在往後的很長一段時間，必須仰賴藥物和心理治療，去療癒那個受傷的自我，也可能因為不夠理解自己而錯怪是別人給我的傷害，無法正確辨識憂鬱的來源。一開始我當然被憂鬱感整得很慘，但後來我知道，那也是我重新展開自我之旅的一個關鍵轉捩點。改變很大的是，我不再想辦法讓自己成為他人，也不再繼續逃避自我。現在，我持續的去認識自己，然後給她最大的自由空間，盡我最大的努力，讓我們可以一起成為真實又契合的自己，不再分裂。

想像一個只有自己的舞台

這種獨處意境，可以想像成你心裡住著和你一樣的雙胞胎，只是因為你和他長時間的形影不離，所以可能不小心忽視他、聽不到他、冷落他，任由自己的意志和期待去擺布他的模樣，完全改變了他最原始的設定和性格，此時你可能已經分不清楚誰造就了誰，誰又遷就了誰。試著沉靜下來，放下那些想要控制和掌握的慾望，去看見、去聆聽、去接納、去擁抱，慢慢地找到彼此原有的模樣，和諧的與他對話和相處。

各位可以把這種長時間的獨處，想做是自己在一個空蕩蕩的舞台上，單獨跳著芭蕾舞，演著沒有對手的單人劇，在沒有觀眾的情景下，自導自演的，把這場戲劇演完。你也可以是唯一的觀眾，從觀眾席的視角，看著在舞台上演著人生故事的自己，摔著的，哭泣的，愉悅的，憂傷的，奮力的，迴響在劇院裡的聲音，是自己的回聲，努力的去聆聽，專心的去感受，把所有的台詞和劇本不假他人之手的用心寫出來，因為這齣戲，是屬於自己的，也不需要因為任何票房或廣告去做潤飾，只要真實的演出自己的劇場就好，你是這部戲唯一的導演和演員，也是觀眾席裡的唯一觀眾。

試著盡你最大的努力，去看到那個想要被看見的自己，誠實的聆聽最真正的自我。

或許你在面對長時間的獨處時，遇到的狀況與我不盡相同，你探索的也許是過去不曾謀面的自由感，或是終於在喧鬧中聽見自己忠實的聲音，也許學會了在沒有伴侶時如何陪伴自己，也可能是懂得享受獨處的單純美好，獲得喘息，這些都有可能會出現。前面有提到，其實這是每個人都有機會發現寶藏的地方，大家都會有屬於自己的獨處配方。

主動搭建自己的獨處空間

想要營造絕對獨處和與自己的對話空間，可以透過一些方式，像是：單獨的長時間旅行、為期兩周的閉關靜修、進行馬拉松賽事、朝聖之旅，暫時讓自己脫離熟悉的環境和人事物，主動為自己的獨處營造最適切、隱密、不被外務打擾的空間。

放心，你不會因此錯過什麼重要的事情，也不會漏掉太多最新消息，沒有事情是你一定非要知道和經手的，也很少有什麼事情是無法修補的。在你進行長時間的獨處之前，可以事先告訴親近的朋友和家人，暫時交接手邊的工作事項，表示你暫時需要非常個人的空間（你可以說你要去一趟太空、需要去找回自己等等），以及什麼時候會回來，請他們不必擔心。可以的話，也把有訊息和信件的電子設備全部與自己隔絕。

選擇一個美好的時間點，把跟自己之間最重要的橋梁搭起來，會比世界上任何一件事情還要神聖，還要至關重要。事實上，很多事情不是只能受外部控制的，比較多時候，掌握自己內心的想法和世界，穩定好內在的狀態，以及足夠的自我認知和心神和諧，我們就能夠藉此獲得安定，和源源不絕的能量。

先把自己搞定，你可能就是那頭最難馴服的野獸。

四　獨處與自我

找到與自己的關係

我們在社會中透過對話、通訊、網路的方式來對人事物進行感知和認識，現代人生活的忙碌，以及網路資訊的普及，我們的腦容量已經追不上每天所接收到的訊息量，很少有時間可以靜下心來，完全與自己相處（你可以試著回想看看，是不是打從眼前沒事做開始，就會常常不自主地開始滑手機、逛社群？）。

老實說，我不清楚每個人在獨處時會遇到什麼事情，不過我很希望閱讀到此的讀者們，除了在獨處時沉澱、留給自己時間、思考、進行學習等事情以外，還可以挪出一點時間，練習「什麼都不要做」。如果你正在獨處的路上，不妨閉上眼睛去聆聽：我現在在想什麼？我現在感受到什麼？我想法裡有些什麼？我心情如何？請你像照鏡子一般，利用獨處的時間，幫助自己的內在找到它的模樣。

與人之間的關係，也像是一面鏡子，但是有些個人面向非常隱密，埋得很深，在一般時候完全看不出來，這個時候，往往要靠自己親手挖掘出來。想一想，大部分的時候，你怎麼看待自己呢？

好好面對自我

跟大家分享一個我自己的人生體會。在二十幾歲的青春歲月，我一直是一個很分裂又矛盾的人。其實我極少能夠跟別人說我自己真正的想法，一開始我認為是因為文化、禮儀上，我很難習慣和別人提出不同的意見和想法，也很少對別人說「我可不這麼認為」，過去習慣從眾的我，更不認為自己的意見有多重要，因此我常常會陷入內在與外在互相衝突的狀態。但是當時我沒有意識到這樣的矛盾累積起來竟然是一座恐怖的斷崖，把我跟真實的自己完全隔開。

當然不是說，第一時間我發覺了這個狀況，就要立刻跟所有人坦白。這難免在實務上有一定的困難，心裡還需要時間去慢慢克服，但是我發現了另一條比較容易上手的路徑，就是：先開始對自己誠實。

閉上眼睛，把手放在胸口上面，抱著一種誠摯又好奇的心情問：我是怎麼看待自己的呢？我對此事的真正想法是什麼？我的行動往往和內心所想是互相符合的嗎？我曾經獨立思考過任何一件跟自己相關的事情嗎？這些問題，我誠實的告訴自己答案，不告訴任何人。光是這樣做，我就已經獲得想法和心靈的協調，聽見來自自己真正的心聲，讓我如釋重負。

把個人和自己之間的連結之橋搭建起來，建立與自己的關係，是要靠兩方互相努力的，就像任何與人的關係一樣，雖然聽起來還是很抽象，但請你想像著，你的身體裡住著一個一模一樣的你，請你去注意他、聆聽他、與他談話，就算開始自問自答也沒關係，只要你遇到的事情、任何情緒、煩惱，除了和別人傾訴及討論以外，請你現在就試著跟你自己對話，建立與自己溝通的基礎（放心，第三部會介紹與自己對話的具體方式）。

我們與自己是最親近又私密的戰友，獨處的時候，請試著親近自我，接近自我，當自己感受到關注和被愛的時候，你將有機會得到自處的回報。

先來點低劑量的獨處

先不需要想得太複雜，我們都需要一些時間練習和熟悉獨處。現在，我相信你對於獨處已經有進一步的認識，接下來就是需要有更多時間，去真實的與自己進行獨處練習。最初，你可以告訴自己，我只要做五分鐘就好，從最低能夠忍受的時間作為起點，接下來，依照自己的進度和步伐再進行更多的練習和行動。

記得，這不是一場競賽，也沒有任何的分數，更沒有所謂的時速問題，只要觀照著自己的心一步一步往前走，就有點像在攀登一座只存在於內心的山脈一樣，累了就停下來坐著休息，看看眼前呈現出來的景致，從不同的角度觀看自己的山群，然後找到下一次獨處的時間後再繼續前行。

擋在你視線前的是什麼？

有時候，在這個孤單又充滿挑戰的過程中，也許往往一切不如想像中的順利，你或許發現自己立刻被寂寞感襲擊，腦海中被他人的聲音所包圍，有許多的雜念浮現，情緒上的缺氧，出現充滿懷疑的眼神虎視眈眈，但請你都不要輕易地走開，放棄與自我溝通的機會，至少，我們想辦法讓自己好好地待在原地。

往獨處的山路走去時，不免遇上阻礙和烏雲，讓為此不惜跋山涉水的我們懷疑這一切的辛苦和磨難有何意義，心裡可能出現一些怨懟和不滿。此時，我們不需要視這些負擔和困難為仇敵，只要當作路途上必經的景致，停下來觀察擋住你的東西是什麼，試著用想知道、探索、好奇的角度去仔細看一看，這裡有什麼？為什麼如此？用你珍貴的生命時間和所累積的智慧，嘗試沉靜下來，耐心聆聽，等待烏雲散去、撥雲見月之時，或許你的視線將會更加透徹，所處的高度也與時俱進，以前看不清楚的，或許將來有一天會如明鏡般地顯現出來。

用心凝視自己的每一處困頓與美麗，你將有機會為自己的人生提供一次又一次的解答。

獨處，就是主動去迎接你的孤獨

你有注意到嗎？其實，人的孤獨感無所不在，實質上不管身處於人群之中、婚姻之中、關係之中、社群之中，又例如常見的在精神生活上，人們偶爾感到無法被任何人理解和接受時，往往都具有一定程度的孤獨感。

漫漫人生裡，很少人會完全沒有過孤獨的感覺，或是完全不需要面對只有自己一人的時刻，就連嬰兒都需要面對孤獨，其中代表的意義也是，我們無法保證在任何穩定關係中就可以避免所有的孤獨，也不能去期待存在一個可以解救自己孤獨感的人，因為每一個人活在這個世界上，都是與他人分離的單獨個體，這是一個顯而易見的事實。

在一個人的練習中，其實我們不需要避免孤獨，也不用刻意遠離孤獨，甚至可以歡迎孤獨來臨。孤獨感很像是每個人的影子，強烈的陽光照射下，孤獨的影子一樣在你身後，只是你未必注意到；而當太陽西沉夜晚降臨時，孤獨的影子已經成為無所不在的黑幕。若是我們因懼怕黑暗，一直等待太陽升起以免去孤獨，這夜晚將無比的淒冷又漫長；但如果我們視孤獨的夜晚為合理的自然狀態，如同月亮的陰晴圓缺，如此看來，孤獨未嘗不是一個靜謐又美好、專屬於個人的時刻，藉此安頓自己的身心靈，甚至，我們可以期待著夜晚的降臨。

獨處，是一種對自己付出的相信和責任，也是一種忍受孤獨能力的展現，更像是一條通往成熟而獨立的路徑，我相信，若是我們可以主動地迎接孤獨，主動迎接獨處的時候，或許有一天獨處的概念就會被我們習慣並且忽略，好似空氣和呼吸一樣自然，它就不會如芒刺般突兀地存在人們的生活裡了。

好好獨處，不僅是一種尊重自我存在的表現，也是一種自我負責。

唯有透過獨處，才能好好地對待自我

有時候，一個人生命的來到，似乎是為了展現自己對世界的價值；有時候，一個人終其一生的行動，好像都是為了最終成為自己，不知不覺裡，在兩者中間拔河與協調，這個過程就變成一個人生命的經歷。

把我們的人生縮短成一天廿四小時來看，或者一年三百六十五天來觀察，常常理所當然地付出一半以上的時間給他人，但卻吝於付出一時半刻給自己，覺得個人時間不足掛齒。我們並不難發現，人們時常在選擇忽略自己，而往往把自己大部分的生命時間傾倒在別人身上。

讓我們偷偷的回想一下，當我們費盡心思向別人解釋自己有多麼的生氣或喜悅時，真正被感同身受的機會能有多少？可以真的心領神會的人又有幾個？我想就算傾盡全部的力氣也不太可能會有跟自己感受完全一模一樣的人。每個人心裡都存著一處無法被別人到達的領地，只有通過自己的雙眼才可以真的被看到、被理解。

藉由獨處的時間，我們可以照顧自己、理解自己、回應自己、愛護自己，一個人的自我疼愛和憐惜，就從這裡出發，也為自己披上無人可以給予的自我信任與安全感，長出一對為自己勇敢的翅膀，藉此愛護自己，也照顧了他人。

擁有無與倫比的自我時間

把獨處看作是人生中照顧自己的神聖時間，用你的內心和雙手，維護個人的獨處時間和界線，然後緊緊的擁抱獨處，和自己進行一場純粹又美麗的獨處盛宴。

不管是聆聽音樂、觀看電影、進行創作、深入思考、觀察身旁的一切動靜、自己去散步，在獨處的時候，嘗試著把大部分的感官雷達關閉，忘卻身旁所有的人事物，只用最單一、最專注、完全投身於其中的態度，專注當下，去感知眼前和內在的體驗，與自我不差毫秒的同步，沉浸在個人思緒中，那般深刻的印記。現在就相倚在自己的肩膀，跟自己的心相靠，與自己進行最親密的接觸和認識。

建立無與倫比的自我獨處時間，就讓自己完全馳騁在內心廣大的草原上，同時鍛造最堅毅又強大的個人心智力量。

自我與你無所不在，獨處能夠幫你更加靠近自我，獨處就是一次又一次地踏上自我之旅。

五　獨處的延伸朋友——獨立、自主、自由

了解獨處對於自己有一定程度的幫助以後，我們來討論一下獨處延伸出來的三個好朋友，分別為：獨立、自主、自由。

在我們開始慢慢進行獨處熟悉、練習後，可以容易的發現到，獨處特別讓人著迷的原因，其實是顯而易見的，我們稱作一個人擁有完全單獨行動的能力，並且自我掌控、自我負責，也不受到任何外界拘束，這些，都使得獨處深蘊著迷人的魅力。在孤單和寂寞概念中脫穎而出的獨處，其實比我們想像的還要廣大，給予我們更多的個人空間。

讓我們來認識獨處延伸出來的三個好朋友：獨立、自主、自由。

好朋友一：獨立

被遺忘的獨立

從嬰兒時期，到孩童時期，當我們越來越長大，我們學習自己爬行、站立、走路，接著想要嘗試跑步，想要放開父母的雙手，展現自己能夠做到、自己可以嘗試、確認這件事情能夠由自己完成，這孩童成長的獨立性，相信是很多家長和大人有目共睹的，也是每個人小時候必經的成長歷程。

而有時其實我們忘記了，大人也需要持續的成長。雖然我們已經長大成人，外觀是個能夠獨當一面的大人，沒有了父母和家庭對於個人成長的關注，我們似乎也忘了要持續的成長，建立自己更完整的獨立性。

就像孩童要練習走路技能一樣，初期需要攙扶，漸漸地可以用自己的小腳支撐整個身體。獨處的能力，是讓我們可以保護自己在一人狀態時，不至於感到不穩定，或是可能會因沒有信心而跌落，就像學習穩定自己的腳底一樣，即使把我們與他人區分開來，還可以利用自己的力量維持個人的獨立性和個體性，不會長時間需要依賴他人生存。

行為獨立

這裡泛指的獨立性，可以想作是生活或生命中遇到的事情，像是可以自己出門、自己處理工作、自己管理財務、自己整理家裡環境、自己購物、自己進行運動、自己去出差、自己梳理情緒、自己去上學、自己保護人身安全、自己過生活，各種大大小小的事物。當身邊沒適合的人可以陪伴和一起面對時，你心中明確知道你可以自行面對，也能夠告訴自己我可以面對，不會因此需要尋找仰賴和依靠才能進行下去，也不會因此人生就無法持續走下去。

當你可以靠自己完成生活中大部分的事物時，你不會處處受限於別人，在心中也比較不容易需要請求他人協助和陪同，你為自己個人的所有事物負責和承擔，所以你可以相信自己做的決定，也可以恣意的在人生跑道中轉換。如果你在和別人不同的路途和軌道上，比較不容易感到分離或失重，你的獨立性會支持著你的選擇以及方向，你願意為自己做到，不論別人是否認同，你也不會輕易失去心中秉持的信念，從內心穩健地站在自己選擇的位置上。

除了在實務層面上的行為能力以外，還有很重要在內心層面的獨立性，也可以說是情感和關係中的獨立性。

情感獨立

我相信那種有家人陪伴、有好朋友可以談天，和擁有穩定的伴侶關係，是讓人非常嚮往的人際狀態，有時候，我們會在不知不覺把情感自然的放在身邊重要的人身上，也喜歡那種被需要、被仰賴的親密感，那使我們生命有了重量，有了價值，更有人說，那是一種連結，和甜蜜的負荷。然而，與此同時，我們也需要一些空間，建立與自己的情感。

與自己的情感聽起來或許很奇怪，很多時候我們說愛自己，似乎都會想成一種對自己好的方式，例如：去按摩、去買喜歡的衣服等。除了行為上讓自己感到舒適和愉快之外，也可以建立與自己的情感，如同任何對外的感情關係一樣，以細細培養、認識、互相陪伴、彼此溝通為基礎，去聆聽自己的心事，去理解自己的歷程和挫折，就好像靜靜坐在自己身旁的朋友一樣，在一個沒有他人庇護的狀態下，仍然相信自己的價值與存在，願意認識自我，傾聽自己的心聲，也能自行滋養自己的精神狀態，知道如何在自我內心的田地裡自給自足。

給自己安全感

也許開始會感到不自然，尤其對於自己感到陌生的人來說，真的會無所適從，沒有辦法和自己進行認識和交流，因為從來沒有意識到對個人來說如此理所當然的自己，這個，也是我們需要獨處時間的緣故。藉此，我們要找回幾乎無法被好好看見的自我，修補與自己遺失的情感，因為一直以來，你，才會是陪伴你一輩子的人。

以另外一個情感獨立需求來說，每一個人，想要完全被了解，其實只有自己能辦到。人們都是獨立而單獨的，我們一人來到這個世界上（好啦，我知道你會說有雙胞胎），也會一人離開這個世界，好似在每個人生重要的階段中，我們必須學習和自己一起面對，無法期待有一個人一直都在身邊。當你願意練習，並且在心裡知道可以自己面對時，你將有機會分攤情感變化帶給你的重大分離和失落感，不把所有的個人情感寄託在別人身上，至少你知道，你有辦法給自己一份基本的安全感（我發現，靠自己還是最實在的）。

在外在的關係裡，感情的出發點是愛與連結，一個情感獨立的人，也才能夠在關係中照顧對方。如果不是基於此，而是源自於需要被填補、匱乏、索求等等，如此的情感需求也許是種錯覺。感情的產生只是種慰藉方式，並沒有辦法成為相互扶持和給予的關係，或者只是把還未修補好的洞口找個他人覆蓋，不僅讓你迴避了自我，也讓他人產生誤會，未來所面對的課題，不僅是自身，也牽連到他人，可能會更加錯綜複雜。

我們疏忽了，可以被相信的自己

如果你發現，失去了一個東西時，強烈的需要向外尋找補足，也常常需要別人陪伴，你可以往這裡思考看看：這個東西一定要別人來滿足我嗎？這個失落必須由別人來填補嗎？你是否可以給自己一些時間單獨面對，也許你不是真的需要，只是以為你只能這樣做，然而，我們可以試點別的。由自己灌溉自己的田地，用自己的力量讓自己感到豐盈充足，幫助自己建立個人的完整性，不再因為風吹雨打，而失去對精神的唯一支持。

獨立，也不是完全不需要仰賴別人。在你可能需要別人時，先跟自己說：「我自己來試試看，我也許做得到。」在你真的非常需要時，再尋求協助和援手，不要隨時隨地呼救，不要過度期待別人應該給予你、幫助你什麼，那只會使旁人筋疲力盡。我們可以先嘗試著為自己想想辦法，這會使你更完整、有力量，使你不再把期待寄託於他人，相信個人能為自己提供支持，也讓自己能使用個人的力量真正獨立面對生命。

獨立性幫助我們生存在社會中和群體裡，不至於會完全失去自己的完整性，或是感到被控制和掠奪，而是同時與他人存在著的單獨個體，不需要太過於仰賴別人，就像世界上每一個獨立的國家一樣，不會輕易受到國際之間的影響而滅亡，主動將命運握在自己的手上。

好朋友二：自主

自主，就是能夠透過自身的看法以及自願的行動，清楚知道自己可以為個人的大小事決定，做出成熟而不被任何人強迫的行為，同時也為此自行負擔，可以把與個人相關的事物牢實的放在自己手上。自主，其實是每個人都需要的能力，也是必須被尊重的權益。

小自每天決定吃什麼餐點，大至如何決定生涯規劃，我們都需要有自主的空間，即使在團體中，我們也可以保持自主，例如：許多人要訂雞腿便當時，你可以選擇自行到餐廳裡用餐；又或者，大部分的人選擇參加員工旅遊，你只希望休假可以好好在家休息。這是每個人可以享有的自主權益，基於清楚知道自己的需求和必須承擔的結果，做出不被任何人脅迫的選擇。

強化對自主的準備

而在獨處的過程中，我們可以強化自主方面所需的決策能力和心理準備。我們在獨處時，可以完全的安靜下來，認真思考每一件事情跟自己的相關性，並依照自我意識和需求，不感到壓力的去選擇及行為。例如：獨自旅外時，可以自行選擇明天的晨起時間、想要走哪一條路線、希望去嘗試哪一家餐點等；進行學習時，基於自願性，我們清楚知道這天的學習時間多少、課程有幾項、應該怎麼依照自己的速度去做安排，擁有自行思考、整理、決策，最終接受伴隨自主而來的結果，都是在獨處中練習能夠自主的一部分。

有時候，我們很容易因為受到他人看法的影響，甚至耳邊被熱心的經驗傳授覆蓋，而遲遲無法為自己的選擇做出個人判斷。或者說，我們偶爾將自己感到無能為力的情境，或害怕犯錯所導致的結果，把這些過程和決策權讓給別人去替我們承接，因為對於自己來說，交給別人決定比較容易，心理負擔沒有那麼重，萬一犯錯了也不是我自行定奪的。長此以往，自己將會慢慢失去人生的掌握權，雖然你坐在自己的人生駕駛座上，但握著方向盤的已經不是你自己。

建立自主的價值

在獨處的過程中，可以慢慢讓自己建立起自主的信心，因為你能夠透過單獨的思考，以及自己所確信的理念，為自己做決策，同時也做出努力，接受為此負責，反覆從生活中的瑣事，至人生的每一處關卡，由自主的行動和承擔之中，成為一個可以自我主導的成熟個體。

藉此，每一個人都可以有自己的想法和價值，真正活在自己的人生與行動中，主導和選擇有關自己身旁一切的人事物，讓生命隨著自願做出的努力與決策而轉動。

自主，可以說是每一個生而為人都應該享有的絕對權力，你無法干預任何人的自主，任何人也無法干預你的，這個方向盤需要透過自己牢實的握住。

好朋友三：自由

自由，一直都是一個很吸引人的詞彙，當人感到自由自在時，我們就好像坐在一張恣意漂浮的魔毯上，呼吸到新鮮的空氣，隨著心之所向飛往廣大的天空。追逐自由，如同人們心中最崇高的精神狀態。在獨處時，自由感往往伴隨其中，因為你不需要誰的同意，不用誰的認同，你是完全屬於在你的價值觀和行為裡。

自由，是一個人的安適

不過，在獨處常見被人定義和解釋中，有自由感與孤單感，兩個感受起來完全不同的內心感受，是完全一體兩面的，撇除人們的主觀感受，情境上卻有些相同之處。不管外界環境如何變動，在人們的心理感受上，你說這種獨處是孤獨，那麼它對你來講，就是一種真正的孤獨，一個隻身形影的情境，而且是無可避免的，會因此感到壓力、不安、情緒不穩定等等；而如果你對於獨處的解釋是自由，從這個想法上來看，可以打開你在獨處上的空間，解放內心對自由的渴望，感到無所拘束，聞到自由的空氣撲鼻而來，反而是一個人的舒適與自在。

獨處，像是自由的一種實踐

在安全又自信的獨處下，能夠幫助我們與自由更靠近，因為獨處時感到安適，所以能夠享有伴隨而來的自在感，隨著心中嚮往的羅盤到任何想去想探索的地方，不論是在城市裡奔走，在大自然裡沉浸，在海裡徜徉，在雨中淋浴一場，或在自己的思緒中停留許久，此時此刻，你與自己的意識和自由意志同步存在，你沒有任何的限制，你的視線是打開的，腳步是自由的，內心的空間如同無邊無際的天空。

獨處，能夠從內心層面釋放人們對自由的想像和空間，也滿足了對自由的實踐。

對個人來說，獨處是不是一種自由，完全交給我們自己去詮釋，我們無法保證獨處時就能擁有自由，但我相信自由與獨處之間始終有一處是互相連結的。獨處和自由像是一座山與山之間的距離，相互靠著，相互存在著，如果你發現了這兩座山之間的小徑，將能同時擁有這兩座山的視野和風景，俯瞰著同一片風景，與你此刻心裡的遼闊空間相符相映。但願各位讀者，都可以順利的透過練習找到獨處中最遼闊的山岳。

獨處的三角錐——獨立、自主、自由

獨處的延伸，獨立、自主、自由，三個面向好像單獨存在，其實又像獨處的三角錐一樣互相構成。當我們成為一個越來越獨立而成熟的個體時，也會漸漸擁有充分自主的信心，相信自己可以為人生做最適合的選擇，面對偶爾的跌落也知道自己可以慢慢的站起來，在你可以自信又安全的駕馭你的方向盤時，便可以真正自在的走在屬於自己的道路上，自由的活在你的生命中。

此時，你便能夠是真正的你。

第三部
獨處練習計畫

一 獨處時的七種自我對話方法

當我們練習獨處的同時，當下有很多樣的想法、情緒、感受體驗，在我們沒有與人對話的時間，腦海中的思緒也不會就此停止。而現代人生活繁忙又緊湊，我們很難保證我們的記憶體可以有效率的背好所有的獨處對白，就像有時候你會忽然間想到什麼，下一秒鐘就瞬間遺忘了一樣，並不是不信賴自己的腦袋，但是這些珍貴的個人思考常常稍縱即逝，好像流星一般劃過就消失了。

我們希望此時，能夠透過自己的行動與記錄，將這些對自己來說很重要的訊息和內容好好的備份起來，不管是利用圖畫、文字、聲音，哪一種方式都好，把它記錄，然後呈現，那種動作就像是我們會想要拍照記錄下美好的鏡頭一樣，在當下出現的火花，就只能在當下捕捉。

記錄你的獨處，幫獨處照鏡子

除了記錄的功能以外，我們也能夠藉此把獨處的片段具體的反映給自己，這就如同鏡子一樣。一般來說，我們想要知道自己的外觀，就會去照鏡子。把獨處的時刻記錄下來，呈現在眼前給自己時，就像在照鏡子，以具體和實像的內容把訊息回傳給自己，如此的獨處，將會非常的具體，彷彿你賦予獨處一個身體，讓它坐在你的對面，可以跟你談話，幫助你能夠和自己更真實的對話。

有時候，我們無法意識到自己的獨處，也看不見獨處時的自我，除了進行一些一人的獨處活動去體驗以外，我們還可以透過一些記錄方式來看到、聽到、意識到、明顯感受到獨處時的自己。

依照每個人喜歡的記錄方式不同，你可以自行選擇任何你傾向和習慣的筆記方式，捕捉自己的獨處故事。也許你喜歡使用相機，那可以利用拍照或是錄影的方式；你喜歡畫圖，可以利用寫生、素描的方式；喜歡文字的人，可以用寫日記、便條紙的方式；或是你有其他記錄的方式，把自己的獨處跟這些記錄的方式融合，可能是食物、雕刻、旋律、手工藝、戲劇、花藝，請參考你自己平常喜歡做的事情去自由搭配。

我的文字記錄開始

依我個人的例子來說，每次我在獨處時，總是在想事情，當腦袋裡的資訊量快要爆炸時，我都備感腦壓高，好像一個超載的記憶體，而我也很難控制自己不要再想了。有一天我在走路的時候，意識到腦袋裡漂浮的是一個又一個的字、一句話語，懸浮在腦海裡，心裡想著，訊息這麼多又雜亂，不如把這些資訊從腦袋裡下載下來？

於是我便回家坐下來，打開電腦，用直覺的方式一字一字打下來，想到什麼就寫什麼，有時候單純記錄日記，有時候寫主題類的東西，總之，就是不顧慮太多的去寫，反正我沒有作文壓力，流暢地寫下去就對了。在那以後，文字就是我最舒服的表達方式，記憶體也不用擔心超載了，每隔一段時間，我就會回顧之前所記錄的文字內容，理解自己當時的想法。

如果你發現你常常有一個畫面、有一種聲音懸浮在你的腦中，那你可能就是畫面型、聲音型的人，也可能是影片人，一開始還不清楚的話，也可以以你最容易的方式去做記錄。任何一種記錄方式都可以試試看，並在其中找到讓你感覺最舒服、最能夠暢快表達自我的方式。

以下提供七個在獨處時的自我對話記錄方式：

一、文字記錄

這也是我個人最熟悉的方式，原因是我覺得文字能夠精準的描述自己想法，也可以幫助我進行思考和整理，方便分門別類，或以不同的段落形式呈現出我的獨處對白，可以說是最貼近我個人的表達方式。

文字記錄適合於喜歡閱讀、看書報的人，是一種很安靜的表達方式，形式如：寫日記、便條紙、手機備忘錄、書寫文章、部落格等等，有的時候我也喜歡拿一張完全空白的紙，直接把所聽所聞、毫無規則的文字內容記錄下來。

我會建議，一開始不一定要像功課一樣每天都記錄三百字，這樣會讓自己因不熟悉而懶得進行記錄，只要想記錄時再記錄就可以了，或是至少寫一句話、一個字就可以了（你甚至可以寫：今天沒什麼好記錄的）。任何內容對你來說都會有幫助，你會更理解自己到底常常都在想什麼、常常在做些什麼。

只照一秒鐘的鏡子，也勝過從來不照的好。

二、錄音

如果你更喜歡聆聽聲音和開口，客觀來說喜歡有聲音的感覺、常常在講話、聽廣播節目、喜歡不同音調起伏，好像幾乎都在用聲音過生活和傳遞訊息，對於聲音的敏銳感很高的話，可以選擇用錄音的方式記錄，如此，能夠很具體的記錄音調、語氣、聲音高低、個人音調，往往也非常有效率（當你發現講話比寫字還快的時候就很適合）。

此時，利用個人的錄音設備，像是錄音筆、手機聲音備忘錄等，相當便利。每當你突然有很想開口、講話的衝動時，立刻打開你的錄音設備，裝上麥克風，找一個比較沒有雜音的地方進行錄音，然後為你的聲音檔命名，再另外找到一個時間，重新去聆聽那時候的自己在說些什麼。

也不必覺得這樣做很奇怪，那種形式看起來就好像你在跟別人講電話一樣，戴上耳機麥克風，好好的把自己想要說的話說出來，不管是嘆氣、語助詞、停頓、不斷重複的一句話、語氣急切、高亢、有些緊張、結巴、語速的變化，都是在幫助自己更鮮明的描繪出聲音裡表達的自我，在下次聆聽，容易展現出個人聲音獨有的樣貌，可以說是一種相當具個人特色的聲音日記。

三、攝影

如果你很喜歡使用圖像、喜歡看影像和畫面，例如：喜歡看照片、喜歡攝影、享受畫面、不同的色彩和影像效果、喜歡動畫和影片，想要同時記錄聲音和影像的人，可以利用攝影的方式記錄，像是拍照、錄製影片。

現在的手機功能和自拍棒都很容易上手，就算在你一人的狀態下，還是可以進行拍照、自拍，然後依照自己喜歡的方式改變圖像、進行美編、文字編輯、搭配插圖，以圖像方式呈現自己的獨處寫照，這樣的方式不僅可以融入多種元素（燈光、色彩、文字、編輯、背景），且具體、方式多元，也非常快速。

你可以選擇一個時間，每天幫自己拍一張照片，然後連續進行一個月，觀察自己的臉部表情、眼神，也可以製作成動畫，看看有什麼變化之處。

如果想要增加內容說明的話，可以選擇製成影片，將內容編輯成靜態的字幕，或是加入有聲音的對話獨白。影片的記錄方式又更加多元，加入畫面切換、動態、取景、聲音、場景、動作、表情、對白等，一開始如果單純錄製的話，也可以先嘗試每天對著鏡頭說幾句話，練習看著鏡頭，然後再剪輯成影片，或是單純重複播放，這些都可以成為個人的獨處影像日記。

只是影片另外的剪輯和整理需要花費更多的時間，可以自行斟酌。如果只是單純記錄使用，也不需要太努力做潤飾和美化，只需單純、真實的呈現就好，除非很希望對外發布或有工作需求的話，再進行後製。

四、對著鏡子說話

除了以上的記錄方式以外，還有一個快速又直接的方式，就是直接對著鏡子說話。

這也是我認為很貼近自己的方式，就好像你直接面對一個人講話一樣，假如把臉貼得很靠近，或許還會對自己感到害羞、難以直視雙眼許久。

我們可以在日常生活中排入這樣的特殊時刻，例如，你在洗臉、刷牙、做臉部保養、化妝、梳頭髮、整理儀容、刮鬍子時，都是日常生活中很好的時機，當時你會面對鏡子看到自己的模樣，試著讓眼睛看著自己的瞳孔，開口說幾句話，說一些心裡想到的事情、想要跟自己說的話。當你一開口，也許會跟我一樣感到雞皮疙瘩，因為這是一種相當直接的獨處對話方式，你當下講了什麼，自己就會馬上聽到、馬上看到，是一種完全同步獨處自我的特殊對話模式。

你可以觀察表情、眼神、脣形、臉部的紋路，自己臉上發生的一切都會直接呈現在你的眼前。我覺得照鏡子是一種相當特殊的獨處對話，因為它直接反映了獨處的中心概念——回映自己。當我們沒有每天照鏡子的習慣時，即使我們與自己無時無刻同在，卻很難真正具體看到自己的樣貌，畢竟眼睛長在身上，無法從另一個角度客觀的觀察到自己。

獨處的自我對話，就是在幫自己的內在照鏡子，即使沒有真的鏡子，即使不能將自己分離開來，我們還是可以在獨處時練習回映。

如果你喜歡面對面、直接又快速的自我談話方式，不妨試試看：對著鏡子跟自己說話，每天早上和晚上選一個固定照鏡子的時間，和自己面對面聊聊天吧。

五、畫畫

畫圖、描繪、素描、水彩、油畫皆可。記得小時候最期待的課程，就是可以理所當然把全身搞得髒兮兮的美術課了，在畫畫的空間裡，沒有什麼是有規則、需要被規範的，一張空白的紙，選擇任何你喜歡的色彩和工具，讓筆尖一次又一次的在紙張上面來來回回，無限寬廣的想像空間，五彩繽紛的顏色，創造出你心中的幻想世界，用你的畫筆讓整張紙彷彿有了生命一般，說著自己的故事，這大概是會畫畫的人最令人羨慕的地方了。

我覺得畫圖跟拍照有很大的差別，雖然都是利用影像和顏色記錄，但是畫圖有很大的想像空間，讓畫圖者可以完全依照自己的想法，不管是真實還是不真實的，把想像力和心中所思結合成虛擬的圖案和時空背景，以一種意象的方式去呈現心裡的寫照，是一種很獨特、很能夠在視覺上發揮創造力的自我記錄方式，假如你能夠以畫圖的方式記錄你的獨處時光的話，也許效果會非常好（我並沒有嘗試過，因為我的畫圖能力從國小到現在都維持在同一個水準，可能連打草稿都會遇到困難，也從沒有任何圖像從我的腦海中浮現過，畫畫絕對不適合我）。

利用顏色、深淺、遠近、背景、輪廓、虛實、漸層、人物、各式各樣的畫法，而且畫畫本身就是一個很好在獨處時進行的活動，把心裡所思所想的畫面投射到眼前的紙張上，將是一個很棒的記錄方式。

也許你可以嘗試為自己當時的模樣畫一張圖、畫自己的身體、畫出自己目前的心境、畫自己遇到的困難、自己獨處時的感受與想像、自己嚮往居住的地方、想像在愛情中的樣子、曾經印象深刻的回憶。

我相信，會畫畫的人，心裡都有一頁又一頁的圖畫書，請你拿起畫筆，為你專屬的獨處時光，描繪出自己在心中的樣貌吧！

六、音樂製作

能夠想到這一點，我要非常感謝我所認識的創作型歌手（當然，我只是粉絲），聆聽了他們的音樂創作經歷以後，我才知道，歌詞是如何誕生的，歌曲是如何譜寫的，聽起來非常理所當然的一首歌，其實可能是很多人，甚至是一個人花費好幾個月的時間，經過嘔心瀝血的努力，從無到有創作出來的。

從過去到現在，音樂一直都是一種能夠撫慰心靈、直接通往人們內心世界大門的藝術表現方式，有時候，我們聽完一首歌，往往會忍不住哭泣和激動的情緒，甚至連自己都無法預想到，那就是一種專屬於音樂的魔力，一把釋放內心情感和能量的鑰匙。

如果你很喜歡音樂，也會彈奏樂器、歌唱的話，不如嘗試著自己做一首歌曲，或是從一小段旋律開始。我聽說，就像靈感一樣，在黑暗中，旋律會漫遊在音樂家的腦海裡，好似音符在內心裡不停跳著舞一樣，那就像是你的語言，把你聽到的、感知到的音符寫下來，在五線譜裡變成一段琅琅上口的樂曲。

你也可以直接採用哼唱的方法，把現在想到的旋律錄下來，譬如：走到一個優美的大自然裡時、吃到最美味的一餐時、觀看山景時、獨自漫步時、看到喧鬧的學校活動時，直接把你所聽所想的哼唱出來，並錄下來，建立自己的獨立音樂素材資料庫。

如果你有練樂器的話，選擇平常練習的時間，到一處只有你和樂器的地方，暢意的彈奏你指尖所到之處，將你的內心感受跟音符貼合在一起，快樂的、憂愁的、悲傷的、喜悅的、失落的、空蕩的、恬靜的、感動的，想像你的靈魂已經住在這個樂器裡，把心中的話語用音符翻譯成一段段的音樂旋律。

孤獨，是藝術家的好朋友，我相信，獨處本身就能帶給音樂無限的空間和靈感乍現的泉源，一段又一段的獨處和空白，可能就是樂曲最初誕生之處。此時，獨處會和自己創作的音樂融合成一體，以樂曲的表達方式展現在你的耳邊。

七、自問自答

這個自問自答可以分為有聲音和無聲音的。

假如你經常有自己獨處的經驗（長時間在家、必須單獨進行工作等），大概不會覺得自言自語很陌生。有時候我們甚至會不自覺的對著自己說話，可能在思考問題時、做選擇時、整理資料時、做數學題時，都會有一種需要說話的感覺，不管有沒有人會聽到，就好像我們是為自己開了一個單人聊天室。

和自己說話，可以幫助內心的思考具體和聲音化，藉著這樣的聲音產出方式，能夠投射出心裡所想，再藉由感官的聽覺吸收，進行接收訊息和整理，形成一種「說」與「聽」的溝通模式。在生活中，像是小朋友在玩遊戲時的角色扮演、講者在進行簡報演練時、演員進行彩排等，這種自我對話非常常見，有時候我們甚至會在這種時候感覺不到獨處的存在，因為這時單人聊天室裡可熱鬧著呢。

當我們很刻意的進行自問自答時，也可以是不帶其他目的和任務，單純和自己講話。你可以發出聲音或不出聲，在心裡對著自己說；如果覺得沒有聲音很抽象的話，建議可以先嘗試有聲音的對話，例如：你今天過得如何？工作中有發生什麼事情讓你特別在意的嗎？今天最愉快的事情是什麼？現在有沒有任何想法浮現呢？你喜歡今天的生活嗎？試著跟自己聊聊天，就像跟家人朋友噓寒問暖一樣自然，多多往自己的心門敲敲看，想像那裡有一個自己最忠實的伴侶。

任何事情，你想要和自己討論的、分享的、溝通看看的，都可以利用自問自答的方式進行，每天給自己十分鐘，也許是睡覺前把心裡的事情拿出來與自己分享，或是在休息時間稍微給自己一些空間自我整理，縮小與自己的距離感，關心自己的情緒和任何感受，也讓自己內在與外在感到和諧，保持開放的溝通。

保存你的個人故事書

如果你已經開始嘗試做獨處練習，也請把這些個人的獨處時間和自我對話內容，好好地持續記錄和保存，這將是幫助你進行自我探索和認識，非常具有參考價值的私人歷史課本。

有時候，我們可能暫時還感覺不到，每個人的人生歷程如何影響現在的自己？我們是什麼原因走到這一步，這些脈絡和故事，又是如何發生的？接下來，你的現在，又將帶你前往怎樣的未來？為了解開這個最神祕的謎底，請你為自己做一位最稱職又最好奇的歷史學家，透過記錄獨處時的自我對話內容，也藉此記錄你的人生。

二五階段獨處練習計畫

看完了許多有關獨處的體驗和價值後，我們有時候還是會遲遲不知道該如何行動，以及生活上可以如何實踐讓自己更接近獨處的方式。

這裡為讀者提供一套獨處的練習計畫，分為五個階段，可以依照個人對獨處的熟悉程度和傾向，去調配自己的練習處方。

現在，就是站起來為自己的獨處踏出第一步的時候（對，沒錯，就是在說現在的你！趕快在內心對自己說：現在就已經開始了！）。

一、基礎版：每天三十分鐘，選擇任何一件自己感興趣的事物，由自己完成。

走路、慢跑、騎腳踏車、繪畫、聽音樂、玩樂器、閱讀、研究食譜、烹飪、設計、沉思、冥想、逛街、練習外語、打球、進行觀察、吃飯、打掃，任何日常你可以單獨做的事情，不需要太過複雜，也不用刻意屏蔽他人，過程中保持專注和當下進行的動作。盡量不要讓訊息和電子設備干擾自己，主動將手機調成靜音、關閉電腦多個視窗，試著去感覺到自己與這件事情的關聯，以及自己投身在這件事情上面的感受。

○○○的獨處練習計畫（基礎版）

基礎版

日期	練習內容（行動和時間）	我的心得	目前對獨處的看法
1/1	畫畫廿五分鐘	沒有遇到問題	簡單、很享受
1/2	音樂欣賞卅分鐘	很愉快	
1/3	吃飯廿分鐘	可以專心用餐	
1/4			
1/5			

二、中階版：每周選擇一個時段（至少四個小時），請你單獨出門去。

可以利用周末或夜晚，擁有較長的閒置時間，單獨出門去任何你想去的地方，做任何你喜歡或習慣做的事情，像是：賞花、爬山、商場購物、坐火車半日遊、逛展覽、觀賞電影、欣賞音樂會、到咖啡廳看書報、開車到河岸邊、去野餐、聆聽演講。

試著去做那種，以前你會習慣找人一起去做，不曾自己做的事情和去的地方，請把它想成你跟自己的一場約會，假如一切都很順利，恭喜你的獨處又往前邁進一步。

如果你發現你真的很不想這樣做，或者會因此而不想出門，請你思考看看，為什麼自己會有那種因為沒有人一起就不能做這件事情的感覺？為什麼我會沒有辦法習慣偶爾單獨一人？我在擔心什麼呢？我如果真的自己去做了的話，會有什麼危險嗎？可以的話，繼續說服自己去挑戰看看。真的身不由己的話，先回到基礎版的練習，重複做，然後把時間刻意延長。

○○○的獨處練習計畫（中階版）

中階版			
日期	練習內容（行動和時間）	我的心得（感覺和遇到的問題）	目前對獨處的看法
2/1	爬山三小時	感覺很獨立	
2/8	逛街五小時		
2/15	聽音樂會四小時	覺得身邊沒有人在、空虛	好像不是每次都很順利
2/22			
2/28			

一句想對自己說的話：＿＿＿＿＿＿

三、進階版：每個月選一整天，請你不要跟任何人講話。這裡包含手機、回覆訊息和信件、與人談話、電話交談、與人有任何溝通形式的具體行為（如果你會腹語的話，那我會當作不知道），找一個地方完全不被打擾，只跟你自己對話，有聲或無聲、利用任何形式都可以。

選擇特別的一天。你打開眼睛，一天有廿四小時，從起床一直到睡覺眼睛闔上以前，你先假裝這世界上只有你一個人，不需要跟誰對話，盡量降低任何干擾（點餐、買東西、到超商繳錢時也盡量減少回應，以表情替代，簡單就好），目的是讓自己專心聆聽所有從自身浮現出的想法、回饋、一句話、感受、情緒、畫面、記憶。

過程中，有沒有什麼平常你容易遺漏或忽略的事情，在這裡很快地顯現出來？你腦海中想到什麼人或事？內心裡有什麼聲音嗎？你有什麼期待和願望一直被藏起來嗎？在這段你和自己相當靠近的時間，每個當下的感受是什麼？如果什麼都沒有也沒關係，那就什麼都沒有，平靜的去感覺跟自己共處一整天的時間。

在結束一天這樣的練習後，試著以任何形式記錄下來，像是有沒有遇到比較難克服的地方？有沒有浮現出過去不曾發現的事情？觀察自己在一整天的時間裡發生的事情和內在狀態，連續幾次後，做一些比較開放式的自我回饋。

如果你真的感到很窒息、很難受、快要到抓狂的邊緣，記得先給自己一個掌聲，因為你願意嘗試這樣做；然後到客廳裡或打電話給一個人，表現得若無其事的跟人談話，也可以傳個訊息，就說你今天心情有點差，因為跟某個人的約會有點不太順利，還在彼此適應中，順便問問他有沒有哪些想法、意見提供給你（當然，你也可以直接告訴對方，你在練習跟自己相處）。

接下來，在適合的時間回到獨處，繼續不說話，也不要覺得自己失敗了，這時你確實需要有人扶你一把。你還是在進階區徘徊，只是需要一點練習和毅力漸漸跨越它。

同樣的，如果你發現自己越來越無法這樣做，或是心裡排斥、不想完成這種練習，越發的感到沉重的話，請你回到中階版的練習，不需勉強自己去做暫時還太過困難的事情。每一個階段都可能來來回回，依照自己的狀態去調整練習步伐。

○○○的獨處練習計畫（進階版）

進階版			
日期	練習內容（行動和時間）	我的心得（感覺和遇到的問題）	目前對獨處的看法
3／5	一整天都在家、關上房門	很無聊、很難控制衝動	
4／7	整天在圖書館		
5／4	白天自己開車到郊外	不太習慣、有點放縱感	擁有自己的空間
6／6			
7／10			
最困難的地方是：想說話但不能說話的時候、＿＿＿＿			
我現在對自己的感覺是：＿＿＿＿			

四、高級版：離開你很熟悉的環境，做一件你以前從不認為你會一個人做到的事情。

找到下次最方便的休假時間，且時間盡量超過一周，例如一人旅行、一人環島、一人外宿等等。

此時你已經脫離朋友、同事、家人的保護區，來到一個沒有人認識自己的地方，不需要刻意減少談話，你可以跟陌生人聊天、跟店員攀談、跟住宿的室友問候，這都使你走在獨處的路上，因為這些你不曾做過，也不曾熟悉。

過程中，你可能會一直感到很辛苦、備感壓力、非常孤獨、完全脫離舒適圈、幾乎在放棄的邊緣，懷疑自己到底在做什麼，甚至快要掉出眼淚、無法控制自己的情緒和理智。這時請你讓自己到一個安全的地方坐著，可能是住處、咖啡廳、便利商店、公園，先保護自己的人身安全，冷靜下來，回想這本書的內容，找到自己獨處的初衷，觀察自己的情緒和感受起伏，並好好地接納自己的所有，給予自己適當的聆聽和鼓勵，克服在獨處中的暴風雪，全心全意地相信自己可以做到（如果你真的快瘋了，請馬上聯絡你的家人和密友，但是如果可以，我非常希望你選擇和自己一起努力度過這場暴風雨）。

相反的，如果你無痛的度過了這一關，那我必須要給你一個如雷貫耳的掌聲，起身為你喝采，因為你為你自己做到了，這是一個莫大的殊榮。你已經知道如何和自己相處，也知道怎麼去創造獨處的空間，你為自己的價值和獨立性展現了勇敢的行動。

接下來，還有下一步，而這都是可以選擇的，若是你不需要更多獨處，也不用強迫自己這樣做。

○○○的獨處練習計畫（高級版）

高級版			
日期	練習內容（行動和時間）	我的心得（感覺和遇到的問題）	目前對獨處的看法
7/10～7/17	一人環島八天	我以為不可能 不知道要怎麼找地點 為自己的安全擔憂 容易想東想西	完全掌握自己的時間和行動 有時候很自在
10/2～10/14	一人外地住宿	非常容易緊張、害怕 感覺像是冒險 不認識任何人 需要靠自己規劃好一切	不太好玩 無依無靠 太孤單 可以練習獨立
完成這趟任務以後，我現在想對自己說：＿＿＿＿			

五、極致版：把你的獨處推向極致，創造獨處最大的空間。

這個版本，是我能想像到最極限的獨處。如果，在你心裡有那種對獨處的渴望，也希望把它當成極限運動玩，想要獲得更深厚又純粹的獨處的話，可以試著去營造這種獨處時間。

這已經遠遠超過一般時候我們所需要的獨處，倘若你想對自己和獨處有更透徹的了解，非常歡迎讀者進行這種獨處練習。不過，還是希望你已經對於前面四階段的獨處感到熟悉且安全以後，再做這個版本的挑戰，過程中可以進行得比較順暢而不被任何無法預測的原因中止，也不至於太過冒險。

我可以想到的是：靜修閉關十天、一人外地度假兩周、為期三十天的國外單人之旅、四十天的朝聖之旅，甚至是好幾個月的隱居生活，好好地把自己跟外界區隔開來，用很專注、很誠實、探索的心情，去與自己對話和聆聽，想像你現在沒有什麼需要顧慮的，也沒有什麼東西要牽掛，暫時放下所有的雜念跟煩惱，你的眼前跟腦海中，全部以自己為宇宙的中心。

請你誠實的跟自己對話，想想你過去的人生，想一想你現在所在的地方和位置、你的童年、你的過去、你所經歷的一切、你每一段快樂和難過之時、什麼事讓你最無法放下和釋懷、內心裡有什麼渴望、你最想跟自己說什麼、你看見不遠的未來是什麼樣子、你最感到急迫需要處理的問題是什麼、你有沒有察覺到自己任何被掩蓋起來的情緒和需求……。想像這裡有兩個一模一樣的你，在與彼此討論共同的人生。

大聲的在心裡告訴自己：我聽到你了！現在我只要在這裡，好好地聽你說，請你告訴我任何你想說的話，我願意把耳朵緊緊貼在你的心上！

○○○的獨處練習計畫（極致版）

極致版			
日期	練習內容（行動和時間）	我的心得（感覺和遇到的問題）	目前對獨處的看法
11/20～11/30	閉關靜修十天	很能夠感覺到自己的意識 時間很漫長 有時候會難受、感到壓力 內心很平靜	比較不會排斥 可以習慣一個人
2/1～2/28	一整個月的一人國外旅遊	不會講當地語言 要自己顧好貴重物品 極度恐慌 很想念家鄉	感到自由自在

完成這趟任務以後，我現在想對自己說：＿＿＿＿＿＿

以上，提供五階段的獨處練習計畫給讀者利用、參考，你可以自由選擇從初階做起，或是從中高階做起，沒有一定要從哪裡開始，也可以隨時上下切換。如果對於獨處感到相當不熟悉的話，建議從初階跟中階做起，每個階段都給自己一到兩個月的時間熟悉，並利用這些表格記錄下來，也可以寫自己的獨處日記。這份紀錄是留給你自己看的，在記錄的同時可以幫助你進行自我對話和整理，也歡迎你參考以上的表格內容，另外發展出自己適合的獨處練習計畫。

三　為你的獨處加油打氣

認識了獨處，了解獨處的辛苦和收穫，也真的嘗試過獨處練習後，有時，難免我們還是會在獨處時處處碰壁、充滿懷疑，忘記了為何要獨處，甚至不被身邊的人所理解，在獨處的邊境區搖搖欲墜，不知道該不該支撐下去。

這裡有幾句話，讓我為你的獨處鼓勵，幫助你堅持下去。三十句的滿分加油語錄，在你可能撐不下去之時、處於獨處的懸崖邊緣、感覺到靈魂跟自己快要墜落深淵時，先閉上眼睛深呼吸三次，然後，請你聽我說：

1. 別擔心，沒有人知道你到底獨處了多久，也沒有人關注到你的寂寞，一切由你決定，你的獨處到底是孤單還是自由。

2. 你可能以為別人注意到你自己一個人很奇怪，但我想冒昧的告訴你：你其實很酷。

3. 有的時候，別人的聲音太大聲了，讓你以為自己沒有任何想法，也沒有辦法做任何決定。也許，你早就想好了，只是需要透過獨處仔細聽見它。

4. 獨處不是內向者的特權，每個人都可以享受社交，也可以享受跟自己相處，獨處就是跟自己約會的時間。

5. 請告訴我，你願意為了跟自己單獨相處，付出些什麼？

6. 在沒有下雨的日子，為你的獨處撐一把傘，囂張地跟全世界說：這裡是我的地盤，這裡就只能有我！

7. 在你以為你可能需要別人肩膀的時候，你自己已經在那裡等著你了，你只需要轉頭看到它。

8. 你懷疑在你獨處時，別人講了什麼重要的事情。真的不必擔心，其實，你只是錯過了很多無關緊要的閒話。

9. 親愛的，你以為這裡一個人都沒有，但其實這裡有一位最重要的人，你。

10. 獨處是每個人察覺跟創造的泉源，你怎麼還願意假裝不知道？

11. 你可能會想：我怎麼可能不認識自己？我根本不需要談話就可以跟自己心意相通了。主動去搭訕自己，重新認識一遍自己，也許你會發現，你就是自己最熟悉的陌生人。

12. 拜託你先不要開口找人講話，因為你會打擾到跟自己最親密的對話。

13. 你的獨處像雙胞胎一樣跟著你很久了，只是你一直沒注意到它。

14. 當你感覺獨處好像魔鬼一樣把刀子架在你的脖子時，誠心誠意地對它說：我愛你，我會好好接受你。

15. 我想問你，願不願意利用好好獨處的時間，主動給自己一個愛護自己的機會？

16. 當你願意全心全意地跟自己好好相處時，將獲得比你想像的更多。

17. 如果你一直聽不懂外面的世界到底在講什麼，請你坐下來跟自己聊天，這樣做舒服多了。

18. 當有人強迫你在獨處跟他／她之間二選一時，請告訴他／她，獨處並沒有要搶他／她的位置，但是獨處也無法被誰取代。

19. 人如果始終找不到獨處的方式，可能這一生都會忙著對抗自己。

20. 獨處本與人無害，是人們一直想辦法誤會它。

21. 你並不需要完全信賴獨處，只是需要認真地看見、對待自己。

22. 我能想到對自己最浪漫的方式，就是靜靜地陪著自己，不管寂靜到有多難以忍受。

23. 長時間的獨處或許讓人感到很窒息，但我們不妨把它當成最嚴苛的良師益友，偶爾去找它談話。

24. 獨處能讓你沉潛到內心最深處，挖掘出最神祕的寶藏，不要放棄這每個人都可以擁有的機會。

25. 練習如何獨處，其實是在照顧別人。

26. 你終究有一天會遇到獨處，在某一天也會需要獨處，何不早點認識它？

27. 或許，你可能找不到比獨處更適合自己的伴侶。（摘自《湖濱散記》，亨利．大衛．梭羅）

28. 如果你選擇拋棄獨處，某一天獨處還是會頑固的跑回來找到你。

29. 假如你願意，你將能夠比我找到更多獨處的價值，我只是引路者，你才是尋寶者，所尋所獲都是你個人最珍貴的寶藏。

30. 學會忍受孤獨，好好獨處，是你能為你自己做到最偉大的事。

第四部

那些獨處故事

一　分手後的獨處

安娜是一個剛畢業的社會新鮮人，才開始起步於社會職場中，她非常努力讓自己打起精神來，跟上公司的腳步。從事視覺設計工作三個月的她，試圖把自己所有的精神專注在工作上，常常寧願待在公司到很晚很晚的時間，直到警衛先生提醒安娜要熄掉最後一盞燈了，她才勉強自己離開。

其實，安娜並不想一個人回到只剩下自己的屋子裡。

過去四年以來，安娜有一段非常穩定的感情關係，與交往即將邁入第五年的男友傑瑞，有著非常緊密又長久的感情，兩人從大學時期就交往、相愛、同住、相互扶持。彼此最享受的時光，就是結束一整天忙碌的課業和實習後，能夠安安靜靜的躺在床上，好好地享受兩人世界，交換彼此的心情，他們最喜歡在相依的溫暖中睡去，也習慣了起床第一眼便看到對方的臉龐。

自從傑瑞早安娜一年畢業到建築工程公司上班以後，時常因為工作壓力、事務繁多讓他精神緊繃，無法兼顧工作和感情，他常常覺得時間不夠用，很希望安娜可以給他更多一些私人時間；反之，安娜覺得傑瑞從正式上班以後，便對兩人感情心不在焉，也無法理解傑瑞所謂對於「私人時間」的需求，這層上班族和學生身分的隔閡，構成了他們的第一道情感裂痕。

很長一段時間下來，安娜常常覺得傑瑞總是優先選擇工作為生活重心，自己則為其次，有時候假日她很想與傑瑞一起外出，傑瑞只想在家裡休息或處理公事，種種的推託和藉口，造成兩人之間經常的摩擦與紛爭，過去鮮少吵架的兩人，平時相處的火藥味越來越強烈。這讓安娜感到非常受傷，內心覺得自己越來越不受重視，認為傑瑞改變了許多，似乎不再像以前那樣深愛她了。

最後一根稻草，壓在今年的情人節前夕，當時傑瑞任職的建築工程公司，正值上級評估新人第一年的重要審核期間，傑瑞有許多會議報告、建案評估資料需要預備，兢兢業業的他，投注了一百二十分的精神，亟欲趁這次機會，給上級主管一個優秀又勤奮的印象，殊不知自己完全忘記前一個月與安娜的旅行約定，這對兩人來說相當重要的節日，演變成了一個分手的炸彈。

「你整天都在工作，連這麼重要的約定都忘記了，你到底還在不在乎我們？難道四年多的感情還比不上你的工作嗎？」安娜邊氣邊哭。

「你不能成熟一點嗎？你根本不知道我工作有多辛苦，這對我來說有多麼重要，你只關心你自己想要的事情。我已經受夠每天這樣吵吵鬧鬧了！如果跟我在一起讓你如此痛苦，我也不想再繼續這段感情了！」傑瑞說完便收拾行李，轉身離去，消失在屋子的大門口，不知去向，留下安娜自己一人在屋子裡。

兩人經歷了長達三個禮拜的冷戰之後，傑瑞打了電話給安娜，語重心長的表示：「我思考了關於我們兩個很多很多的事情。現在，彼此真的不適合再繼續下去，我們以後可以單純當朋友就好，這樣對我們的將來也比較好。那麼……再見了。」說完以後，就這樣結束了兩人最後一段通話。安娜雖然試圖忍住淚水，但在掛掉電話以後，卻泣不成聲，整夜以淚洗面。

很想挽回這份感情的安娜，卻完全無法聯繫上傑瑞，他走得又快又絕，讓安娜更難以接受彼此已經分手的事實。而讓安娜最痛苦的，是每天都要回到充滿兩人回憶的屋子裡，每一個角落，每一個房間，每一個物件，時時刻刻讓她想到兩人的種種過往，連晚上躺在床上睡覺都令她感到十分煎熬，有時，她甚至很想要多吃幾顆安眠藥，奢求自己不用再醒過來承受那分手的心痛。

自從傑瑞離開以後，安娜覺得彷彿全世界都離她而去，好似世界末日一般。失去另一半陪伴的安娜，也時常感到寥落、孤單、失去自我價值感、無法面對自己。即使身旁許多朋友想要嘗試安慰她，但安娜總是覺得沒有任何人可以同理她的痛苦和處境，她既想一個人好好沉浸在無止盡的悲傷裡，又因寂寞感尋求別人的陪伴，也無奈朋友們都來來去去，安娜此時的身心狀態，因無法找到一處適切的避風港，而難以平穩。

摻雜著各種複雜情緒的安娜，心情總是捉摸不定、起起伏伏，也找不到繼續生活下去的原動力。分手後三個月，她仍然無法走出感情帶給她的傷痛，時常一個人在屋內發呆，不自覺地就流下悲傷的眼淚，沒辦法專注在任何事情上，鮮少對人說話，每天彷彿度日如年般漫長，時間似乎仍無法替安娜撫平那道內心最深的傷口。

「我覺得我的心好像被抽空了，除了難過以外，沒辦法有任何其他的感覺。」

「任何的事情都讓我想到他，我總是覺得身邊少了一個人的身影。那股無法克制的想念，總是強襲而來，不斷提醒著我已經失去他的殘酷事實。」

「現在只剩我自己一個人，到底該怎麼振作才好……」安娜好不容易提筆在心情日記上寫下這段話，藉此抒發內心的感受。

這天下午，安娜依照與身心科醫生的約診，到診所領取安眠藥。看診期間，醫生忽然問了一句：「安娜，我很擔心你現在的身心狀況，你願不願意和心理師聊聊看呢？如果你能敞開心好好談一談，對你的心情會很有幫助的。」

「是嗎？我倒是從沒有想過這件事情。好吧，就試一次看看。」安娜半信半疑的預約了第一次的心理師晤談。

自從開始與心理師蘿拉晤談以後，安娜就像打開了另一扇心的窗口，從檢視自己對分手事實的悲傷、整理自己的情緒、對於自我價值的重新認識，以及談論自己與傑瑞整體感情的歷程，如同對方拿著一個鏡子，從頭到尾把自己的樣子清楚照映出來，本來想不透、走不出、看不開的事情，安娜藉由與蘿拉的對話，她那原本無法被他人所理解的痛苦，找到一處適合的出口，也漸漸邁出了走出情傷的第一步。

「我很天真的以為我們會一直相愛下去，可是，我並沒有發現到彼此的變化，當傑瑞開始與我吵架之後，我真的很害怕他會離開我，於是越抓越緊，讓彼此感到窒息。也許，我只是喜歡能夠去愛一個人的感覺，而沒有注意到我給傑瑞的，其實也不是他後來真的需要的。」安娜自述著當時分手的原因和她的感覺，那是兩人第一個月的晤談。

幾周後，在心理師蘿拉的鼓勵之下，安娜開始在生活上建立固定的身體活動時間，她報名了過去很想學習的瑜伽課程。在進行瑜伽的過程裡，安娜能夠暫時忘記分手的悲傷，專注於自己的呼吸與身體姿勢上，集中精神穩定自己的心靈，讓她能夠在心中那片擺盪不定、波濤洶湧的大海裡，短暫的停泊在一座若隱若現的平靜島嶼，這也使她開始與自己有了許久沒有過的接觸。

「我看不到傑瑞的新世界，可能是很大很大、我們不曾一起去過的地方，兩個人距離越來越遙遠的時候，我覺得非常心痛，為彼此逝去的愛情感到萬分遺憾。可是，最後我卻只能無能為力。過去的四年，我所有的快樂和喜悅都是因為兩個人加在一起的，面對傑瑞的狠心丟下，我覺得自己彷彿是被拋棄了一般，完全失去對自己的價值感，也懷疑現在的自己，是不是不值得被一個人所愛。」安娜眼睛注視著晤談室的地面，不斷搓揉著雙手，把這些話對心理師蘿拉傾吐，這是兩人第三個月的晤談。

幾個月的時間，蘿拉持續陪伴著安娜走過那些分手傷痛，透過規律的晤談對話，和瑜伽練習的自我接觸，安娜越來越能察覺到自己的身心狀態，適時地聆聽自我、宣洩痛苦情緒，雖然她內心的傷口仍然隱隱作痛，分手情歌還是會讓她不禁痛哭流涕，但隨著時間過去，那原本千瘡百孔的心，獲得一種安慰與療癒，重新開始長出新的血肉。

「我是真的非常愛他，即使彼此真的分開了，我還是很懷念那份情感，還有兩人相愛的記憶。不過，傑瑞已經選擇先走了，我也不能停留在過去，也必須學習好好放下。除了他曾經給我的愛，現在，我也要練習去愛護自己，雖然，我不知道能不能夠憑自己做到，可是我想要去試試看，不為別的，只為我自己變得更堅強、更成熟。」蘿拉對安娜露出欣慰的笑容，安娜經過這段時間的治療，已經進步了不少。

在結束最後一次晤談以後，蘿拉遞給安娜一本空白筆記本，「安娜，這段時間，謝謝你願意相信我，告訴我你的心事。我們的治療已經告一段落，彼此要暫時說再見了。這是我想送給你的新日記本，寫下你的心情，然後用心閱讀你所寫的，對你會非常有幫助，希望你能夠順利面對未來一個人的生活。」安娜接下了這本日記本，與蘿拉相擁，而後彼此道別。

治療關係結束，在與蘿拉彼此溫暖的道別後，讓安娜深刻理解到，生命中不管遇到任何的課題和困難，甚至是分別，每個人的漫漫人生歷程，終究是必須要由自己好好面對的。走過了一趟與心理師踏上的心靈旅程以後，承載著蘿拉的祝福與支持，讓安娜對以後的日子抱持著希望，相信自己有能力可以為自己重新站起來。勇敢面對分手，及感情關係的終點之後，慢慢願意學習放下，即使未來的生活令她感到陌生，也交織著偶爾突如其來的心痛、失落感，安娜已選擇坦然地接受這一切，也願意持續練習替自己好好療傷。

不久後，安娜搬到新的住處，開始了一個人的生活。前些日子，她到舊租屋整理自己的東西，注視了那對雙人馬克杯許久，最後，她決定捨下，只將屬於自己的物品裝進了行李箱，剩下的，便遺留在舊時的租屋內。當時，安娜不只是整理了行李，也收拾了一段記憶。

「以前，我忙著談戀愛、交朋友、應付學業和實習，生活所有的事情，我都習慣跟別人一起完成、一起努力，因為只有我被別人接受時、跟大家在一起時，我才能真的感覺到自己的存在是有意義、是被他人需要的。可是，經過這件事情以後，我發現我沒有一份屬於自己的價值感，而我缺乏的，還有愛護自己的能力。」安娜心裡想著。那是她搬到新家之後，內心的第一個感觸。

安娜結束心理治療的這段期間，閱讀了許多關於失戀、感情關係、自我價值感的心理學書籍，她也記得心理師蘿拉的囑咐，持續地書寫日記，以文字表達進行自我記錄。每每閱讀自己所寫的日記時，安娜都感到非常真實又溫暖，就好像有一位知心好友在聆聽自己傾訴，輕輕地把自己承接住，也能從閱讀和書寫過程中，獲得更多來自對於自我的理解和認識，熟悉自我。安娜越來越發覺，僅僅是寫日記這件很小很小的習慣，在她這段療癒和改變的過程中，便如同一層溫暖而厚實的自我安全感。

分手一年以後，安娜寫了一封沒有寄出的道別信：

「傑瑞，好久不見了，你好嗎？一年前的匆匆分別，讓我們兩人來不及好好說再見。我們感情的結束，就好像大夢初醒一般那樣不真實，很遺憾，緣分最後並沒有讓我們繼續走在一起。喜歡很簡單，持續地相愛卻是非常困難，四年多以來，我們彼此的關係就像是糾纏在一起的絲線，緊密而不分你我，卻不知不覺在相愛過程裡，各自遺忘了兩人原本的模樣。時間轉瞬，過了三百六十五天沒有你的日子以後，我慢慢學會放下已逝去的感情，重回到自己身上，試著找回屬於自己的價值和最初的樣子。

我們的分別，讓我領悟到許多不曾想過的事情，也帶來了成長的機會和動力，現在我能和自己的悲傷、痛苦、失落，平靜地相處，這就像是烙印在我人生的記憶中，成為我重要的一部分；我也學會了在沒有你的時候，像是撿拾碎片一般，好好地把自己的心靈重組、安頓下來。我想說，我們的愛情豐富了彼此的青春歲月，我並不後悔那四年與你相愛、相知，但願，我們因對方的出現和離去，在未來各自成為更好的一個人。

最後，我想說，再見了，但願那個最動人的風景，一直停留在你我心裡。」

安娜一字一字、一句一句地，緩緩用鉛筆寫下了這封告別信，將自己內心的那道長久傷痕，親手縫補起來，她對已逝去的愛情揮揮手道別，互道珍重。這封沒有寄出的信，便放置在安娜抽屜裡的最底層，如同這份感情的逝去，封藏在安娜的內心深處。

雖然，那段美好的兩人故事結束了，但安娜已經準備好，在未來屬於一個人的故事中，寫下嶄新的扉頁。

二　離職後的獨處

那是最後一次貝兒從公司的大門走出來，她忍不住回看高達二十層樓的公司建築，沒想到有一天，自己在周一早上九點便不會出現在這裡了。早上才交回的職員證，意味著卸下公司職務的身分。一晃眼，八年過去了，而好不容易放下這份眼前的工作，是她經歷了一番內心糾結的最後選擇。

貝兒清楚記得當年面試時，以及首次到部門報到的景象，戰戰兢兢的向初見的業務主管問好，並在同事的引導下開始擔任公司內行銷部的一員。努力工作的貝兒，任職第三年以後，晉升到組長職，也在行銷主管旁擔任重要助手，公司裡大家都說，憑著貝兒優秀的工作態度和表現，預測下一任主管可能就是她了。辦公室裡沒有人曉得，這一股離職的念頭，已經在她的腦海中輾轉許久。

貝兒今年將邁入四十歲，心裡非常清楚年紀已經不輕了。自從研究所畢業之後，這份工作便一路跟著她到前些日子，偶爾她還會在公司裡加班到十點，返家後就只剩洗澡跟睡覺。生活重心一直寄託在工作中，下班後也習慣了與同事們談論客戶的瑣事，雖然貝兒心中一直希望利用工作以外的時間去報名鋼琴課程，但生活過於倉促，時間太少，這個期待也就這麼被擱放許久。

某個周六晨間，貝兒發現自己不論是在周末時或是睡覺前，都無法不想到工作的事情，而除了繁重的工作和同事的聚會之外，她別無其他的愛好和興趣可以打發自己的時間，她頓時察覺到，她的人生陷入一種忙碌到只剩下工作、跟一份不錯的薪水而已，在心中響起一道微弱的警報聲。

對此，貝兒開始了一段很長的人生省思和回顧，她不禁問自己：「這真的是我未來可見十年後的日子嗎？明明忙到晚上都沒時間休息了，為什麼我心裡還是感到非常的空虛呢……」

經過一番深思熟慮，貝兒最後決定暫時離開職場，留給自己一段空白期，將人生重新開機，並期許往後的日子裡，由個人名義開始嘗試接案行銷內容工作，不再停留於公司體制。即使這個決定非常艱難，也必須離開重視她的主管、與相處融洽的同事們道別，以及完全脫離公司的保護圈和團體生活，不過貝兒仍然下定決心，因為她想要好好照顧自己、改善個人生活，把未來的職涯掌握在自己手上。重要的是，貝兒還要釐清那股揮之不去，對於人生的匱乏、空虛感。

正式離開工作的這天晚上，貝兒得以卸下平日工作的負擔，好好地在自己的家裡煮頓晚餐，播放爵士音樂，點起香氛蠟燭，享受初離職場的愜意。這個獨自又安靜的夜晚，貝兒細數這一段好幾千個日子裡，她把自己大部分的時間都傾倒在工作上，疏於社交、放任體重、沒有培養興趣、經常睡眠不足，更遑論好好生活，就連臉書和社群媒體都好久好久沒有更新了。

「以前好像只懂得把時間塞滿，但是完全沒有意識到，長時間以來的累積，竟然把自己變成一個只懂工作，根本不懂享受生活的人呀！」貝兒心裡想著，在好久沒有更新的社群媒體上，打下了第一個離職感想。

兩個禮拜以後，貝兒接到前同事的問候，便與她相約在前公司附近一起午餐。

「所以說，這段時間裡，你都在做什麼呢？」前同事好奇地問著。

「第一周我當然很高興呀，突然多了這麼多時間，好像每天都在放假一樣，早上去運動，下午看看韓劇，晚上煮頓晚飯，或者逛逛商店買些東西，就是很簡單的生活啦。」貝兒說。

「我真羨慕你呢！不過呀，少了你以後，我們的工作可開始變多了！你看要不要考慮回來吧？至少你也已經放了一段小假呀！主管也說，少了你，就像是缺了一條手臂一樣。」前同事提道。

「我才放假兩個禮拜你就捨不得我啦？我再想想吧，接下來還有很多事情要思考呢。」貝兒對著同事微笑。其實她很懷念跟同事們在工作中的拌嘴和嬉鬧，只是她更無法忽視自己已經壓抑很久的人生空虛感。

那次與同事的短暫聚會，返回家中後，貝兒一人坐在椅子上，理著自己的思緒。

「放假雖然很不錯，但是悠哉的日子也令我感到不安。同事都在工作崗位繼續奮鬥，為公司的發展和營收一起努力，而我一個人在這裡放假幹什麼呢？」開始懷疑自己為何離職的貝兒，慢慢陷入了一連串離開職場後的焦慮感。

即使很清楚自己想要重整生活，由自己開始安排個人工作與未來職涯步調，可是貝兒還是覺得，對於自己一個人來說，這個課題實在太大，她沒想過離開公司以後，居然會開始懷疑工作表現優異的自己，是否還有存於職場上的價值，她心裡想的是，「自從離開了公司以後，拿掉了職員證，我還能是以前那個被大家所需要的貝兒嗎？我現在的位置又在哪裡呢？我的下一步要怎麼開始呢？」

隔天早上，一如往常出門慢跑的貝兒，繼續獨自思索昨天未完的問題。

「以前有主管叮嚀、提拔，遇到不懂的專案性質、難搞的客戶可以向同事尋求協助，總讓我在工作上有方向感、依賴感，現在就只能仰賴自己一人了。」

「忽然間一個人擁有這麼多的時間，其實有點無所適從，反而讓我很苦惱呢……」

「雖然不喜歡公司階層和某些制度，但回頭看來，我現在才知道公司各種規範的意義，對我來說有如無形的安全網，就連『和同事在一起』這件理所當然的事，我以前都沒有意識到，這些其實對於自己工作上的意義感來說，竟有如此大的影響。」

貝兒想起嚴厲、性格沉著的主管，以及那群充滿工作熱忱的同事，過去每周一上午組員們會議的討論，雖然壓力十分龐大，但大家一起腦力激盪的時光，卻是很棒的工作成就感來源，也能讓她充分獲得社會參與感及價值感。

種種出現的畫面，讓她懷念起那段大家一起加班努力的日子，而現在貝兒一整天的生活，過去曾是生活重心的工作部分，現在是一段被抽離的空白，各種的無法適應，讓她一人偶爾在晚上胡思亂想，常常帶著焦慮感入眠。

離職後的第二個月，貝兒因為減少外出次數，失去過去同事之間陪伴、沒有工作為生活重心，對於重整生活缺乏動力的她，進入一段低潮期，她的情緒常常停留在焦慮、不安中，擔心改變帶來的不確定性，也時常懷疑到底自己是不是做了正確的決定。

這天，貝兒一人坐在昏暗的客廳裡，無神的看著窗外的景致，外頭晨曦、太陽開始升起，卻再也沒有精神到戶外慢跑，她感到說不上來的空泛、焦慮、不安。現在，沒有同事、沒有公司的鞭策、自己不知道該如何往前走，也找不到替代的動力。看似為了自己的生涯而斷然離職，貝兒沒料想到的是，後續要面對的這道空白，背後藏著令她感到陌生，又深深焦躁不安的自己。

連續一周以上，貝兒只吃得下一餐，其他的時間，她上網查詢獨立個人工作的建議和相關資料。這類她不熟悉的工作模式，讓貝安感到充滿挑戰，不同於任職公司的壓力，她所要承受的，就是全部的自己工作行為，就連每個月的基本薪資，她都得想辦法發給自己。

由於無法忍受寂靜的空氣，除了睡覺以外的時間，她都開著電視，但是貝兒根本無心欣賞，只為了驅除家中空無一人的寂靜感，以及社會關係的孤立感。貝兒也會常常在同事群組裡留言，問問大家最近工作狀況，而現在擁有大量個人時間的她，對於群組內的延遲回覆給予過多的解釋，覺得自己不被重視，已經被遺忘。

「我現在才知道，我這麼無法適應一個人的日子。」已經過了四十年人生的貝兒，獨自感嘆著。

那天下午，貝兒終於完成下半年工作計畫。有了對於接下來工作的方向感後，她臨時決定去美甲沙龍，替自己這幾個禮拜所捱的辛苦，給予一份小小的安慰。

「其實我一開始也會有點不知所措，不過在我開始設定工作時間、習慣一人工作模式以後，一切就會漸漸步上軌道，我後來甚至覺得，這才是我喜歡的。」美甲師海莉說。已經開個人美容工作室五年的她，在貝兒眼中一直是個有想法又獨立的女性，相較之下，她並沒有像貝兒那樣容易有焦慮感，海莉總是不帶預期又非常直接，去做她認為可行的事情。

在海莉的陪伴與談話過程中，貝兒發現自己這段時間內並非真的失去工作能力和價值，而是她過度關注自己的焦慮和對於改變的不安全感，也過度擔心她是否有辦法靠自己一個人做好全部。然而看到海莉這麼堅定又愉快的在自己的工作位置上，給了她充分的信心及鼓勵。

貝兒開始規劃每日工作、休息時間，積極地去接案網站上投放個人履歷，也開始整理自己行銷規劃的服務內容，準備迎接第一位客戶。恢復精力的她，覺得自己要重新踏上截然不同的個人工作之旅，從深厚焦慮感脫離的她，感到自己現在煥然一新，原來她不是真的無能為力，只是還沒試著用自己的力氣站起來過。

現在的她也發現，改變工作模式以後，有許多時間能夠和自己相處，貝兒偶爾會自己驚嘆：「我居然會有這種想法！」她時常感受到腦海中似乎有許多思考偶然浮現，最近充足的睡眠時間裡，也會常常做夢。於是她決定，替自己做一份聲音日記，她想要知道更多來自內心的想法，做一份完整的錄音備份，好好記錄自己這段新生涯的起點，也許這些點點滴滴，日後會成為她的行銷方案靈感來源。

本來就喜歡音樂、聲音的貝兒，現在每天晚上睡覺前，都會空下三十分鐘，把自己的心情和想法錄下來。有時候她也會搭配背景音樂，像是鋼琴演奏曲、輕音樂、爵士樂等，幫助自己放鬆，融入情境中。雖然一開始難免感到不自然，但逐漸地，她發現這個睡前儀式，是一種穩定自己焦慮感的方式。以前她常常和朋友、同事們分享心情，但是她似乎沒體驗過如何聽自己說話、和自己聊天。現在，她有時候還會被自己說的話給逗笑，被自己的悲傷給弄哭，貝兒慢慢的熟悉如何與自己靠近。

就這樣又過了一個月的時間，貝兒似乎越來越知道如何和自己相處，也不會在黃昏降臨的房間裡感到焦慮、孤立，她將精神專注在工作任務及照顧自己的生活上，也會聆聽音樂幫助自己適度放鬆。現在，每天早上的慢跑和睡前個人錄音，扮演貝兒生活裡重要的角色，也是穩定她個人身心狀態的基石。

聖誕節快到了，群組裡收到前公司同事的邀請，貝兒以期待、興奮的心情，迎接與同事們相隔甚久的重聚。這天，她在結束工作的晚間，一人悠哉的到忠孝東路的東區街頭閒晃，想著要買什麼交換禮物，也看著那閃爍的聖誕樹裝置，充滿節慶氛圍的燈光，及街頭上三三兩兩的逛街人群，貝兒感覺，即使一個人，她現在不容易被孤立感淹沒，因為她已經知道，與人在一起有種美好，和自己逛街也享有另一種自由，只是以前，她容易把自己一個人想像得太可怕了。

「我們真的太想念你了！你這段時間都好嗎？少了大家會不會感覺很孤單？」

「自己工作？這到底該怎麼進行呀？話說，以後我要是不幸失業了，你可要教教我，貝老師。」

「我說，你這樣生活，收入跟以前差很多嗎？會不會很沒安全感呀？」

「我要是你呀，早就一個人訂機票去國外旅行囉！」

前同事們七嘴八舌問候著許久不見的貝兒，她感覺已經好久沒有被大夥簇擁，非常懷念大家一起共事的那些日子。往回頭的日子看，自己雖然才離職半年，但與這些舊識好似幾年不見一般。

「沒了你們我當然很煎熬，甚至剛開始也很低潮，不過那些都漸漸過去了。話說，現在公司行銷市場如何？部門客戶量有變動嗎？你們有研究新的企劃方式嗎？上一季那個大客戶後來……」貝兒彷彿又回到當時在公司內任職的她，熱絡地與同事們討論著工作和公司近況。

「我想你前些日子一定很掙扎吧？既然大家都還在同一個產業裡，以後有什麼需要的地方，儘管來找我吧！可是，不要被經理發現喔。」前主管嚴肅的表情底下，藏不住對貝兒的照顧和珍惜，這一席話，讓她備感溫暖。

接著，大夥一同慶祝這天的聖誕夜，交換各自精心準備的禮物，天南地北聊著，有默契的一同暫時忘記了時間的存在。貝兒心中相當感動，感覺自己好像從來沒離開過大家，卻也深知自己當初選擇的重要性，即使是現在各自在不同的工作跑道上，還是彼此有著連結。最大的不同是，她已經不再畏懼朝著自己選擇的方向獨自一人前進。

三　在異鄉的獨處

麗莎是家中的老么，擁有非常溫暖的一家五口生活。她從小就是個聰明、成績優秀的女生，學習心態上進，自我要求也很高。考試和課業表現都讓人不需擔心的她，鮮少遇到讓自己感到非常困難或者無法克服的事情，一路順遂的成長途中，除了大學入學考試及考取律師執照，讓她曾經備感壓力以外，麗莎的人生幾乎未曾遭遇過太大的打擊和挫折。

基本上，家中長輩和身邊朋友們最常對她說的話就是：「你到底是怎麼讀書的，看起來這麼輕鬆？」、「我真希望有你一點點的聰明就好」、「你未來一定會相當有前途！」、「只要考到執照，你未來工作一定就沒問題啦！」麗莎常常被這些話誇獎到很不自在，但她心裡也覺得自己是個聰明又幸運的人，而且課業成就一直是她個人的驕傲，藉此麗莎也深信，充滿著希望的人生正在前方等候著她。

出國進修，是麗莎高中以來的夢想，嚮往國外生活的她，從觀看美國影劇、好萊塢電影開始，到瀏覽網路上分享的美國學生影片，她懷抱著極大的熱情望向美國文化和當地生活，一直希望有一天可以真正踏上美國國土就學。

為了預備未來的留學生機會，她利用課餘的時間補英文課程，也會在學校裡與外籍老師交談，練習英語口說。麗莎在做這些準備時，總是充滿精力與期待，雙眼有著一道光芒，她認為，在美國的生活會多采多姿，也會替她的人生增添一份榮譽。

前年，在家人的全力支持和麗莎個人的努力之下，很幸運地申請到美國的法律研究所。離開台灣之前，與家人最後一次的聚會，讓她意識到即將要脫離家人的生活圈，種種不捨和對台灣的依戀，一一浮上心頭。麗莎的父母非常以女兒為榮，雖然為第一次離開台灣這麼久的女兒感到擔憂，不過也尊重已經長大成人的孩子所做的選擇，給予最大的祝福與期待。

在那次單程飛往美國的航程裡，麗莎在漫長的飛行中感到既狂喜又精神疲憊。由於她並沒有長時間離開家鄉的經驗，一人無神的看著座艙的窗外發呆。才剛剛離開台灣國土，已經開始思念，對於眼前迎接她的美國文化與生活，忽然逸散著一股不熟悉又陌生的味道，但由於著陸到美國當地後還有很多事要處理，因此麗莎也沒有花太多的時間去細細思考。循著美國學校和留學顧問的指引，她才好不容易完成了第一周的美國生活安頓。

「以前在影劇中看到的美國生活，就這樣開始了？」開學的第一天課程結束後，騎著單車返回宿舍的麗莎，心裡仍有一種不可思議的感受。看看偌大的美國街景，與台灣完全不一樣的城市樣貌，和未來這些日子裡等著她的美國新生活，她覺得，這個在美國普通的一天，對自己來說就像是實現夢境一樣美妙，藏不住的喜悅、對未來無限的想像，總是在她的腦袋裡打轉。然而，麗莎沒有意識到的是，接下來的日子裡，除了好似滿足夢想的滋味以外，其實還有許多以前未曾接觸的挑戰在等候著她。

很快的，第一年的美國研究生生活即將進入尾聲，但是，麗莎並不如以前那般充滿自信心和喜悅。這段時間，對她而言可說是史上最漫長的一段時間，在日常的生活裡，只有學業這一件事情是她唯一能夠掌握好的，其他的種種事情，對她來說皆是充滿艱辛，沒有過去經驗可借鏡，也沒有家人在一旁支持，因此，麗莎總是感覺自己必須假裝成無比堅強。

像是：第一次在美國的大教室內上課、第一次自己打理三餐和衣物、第一次參加美國派對、第一次接觸全英語生活、第一次沒有家人在身旁、第一次自己離家到異鄉生活、第一次學習自己到美國超市購物、第一次寫英語論文，麗莎必須依賴自己打理所有的事情，雖然這些事表面上看似不會太困難，但在美國生活初期，由於陌生的環境與語言切換，令麗莎吃足了一番苦頭，同樣一件在台灣很簡單的事情，在美國進行卻顯得特別艱辛。

麗莎也時常打電話回台灣向父母請求協助、支持。除此之外，讓麗莎最難以克服的，就是緊緊跟在她身後的孤單與無助感，以及無法完全適應美國文化的隔閡感。

「我現在才知道，原來我還在台灣時，根本沒有獨立過。」

「我真的無法在美國找到一個懂我、陪伴我的人。」

偶爾，獨自一人在宿舍裡，麗莎身邊無人陪伴時，她會忽然覺得在這個龐大的美國社會裡，好像沒有人真的在乎過、理解過她，每個在美國認識的人，都有自己的忙碌生活和人生方向，朋友們下課後都不見人影，並不會時常相聚，更不用說像家人一樣互相傾訴、照顧、依賴。這裡似乎沒有真的屬於她的地方，如同獨自存在於美國社會中，從一年前抵達美國以來，麗莎心裡始終有一處是懸浮在半空中，無法落地。

除此以外，麗莎常常覺得，即使她能夠完美的把自己的想法以英語表達出來，但外國人所理解和接收到的訊息及反應總是和她預期的不同，有時候，對方甚至表現出很疑惑、不屑一顧、批評、漠視等態度，讓麗莎感覺非常受傷。偶爾的不被理解，與中西方文化深度習慣的差異，讓麗莎無所適從，很難親近美國文化，這讓當初非常想要融入當地生活的麗莎，對自我感覺相當挫折、無力。

「來到美國快一年了，講了不完全道地的英文，台灣的樣子也開始模糊了，那麼，我現在到底是誰？」麗莎心裡不禁自我懷疑著。

內心那股對台灣文化價值與認同的威脅感，隨著時間慢慢浮現出來，交織著新文化適應上的困難、異鄉生活的寂寞、身心壓力，讓麗莎越來越看不清楚自己來美國的最初想法，不只在路途中迷失了方向，也完全丟失了當初對自己的滿滿信心。

「你在美國一切還好嗎？」麗莎接到來自哥哥艾倫的問候，忍不住的悲傷和思鄉情緒瞬間湧了上來，那長時間在異鄉的心理壓力落在她的臉頰上，成了止不住的淚水。「我……真的不知道……，這一切到底有何意義……，我為什麼不好好待在台灣就好……，我真的好累……，我好想回家……」麗莎將這段時間以來的辛苦，向從小就很親近的艾倫傾訴。艾倫已經離家在外工作八年了，聽到妹妹在美國的境遇雖然心疼，卻一點也沒覺得這是一個壞事。

「我知道，你現在非常難受，很想回台灣，我們也很歡迎你隨時回家。可是你還是要自己想清楚，如果你回來了，然後呢？你在美國想做的事情都完成了嗎？這是你的機會，也是屬於你的考驗，彷彿是一條專屬於你的道路，沒有人可以代替你走完。」艾倫語氣鎮定說著，「我們都很愛你，也很相信你，但是這次我們無法在你身邊，不過，我想以你的聰慧，一定會找到辦法的。」

從事心理教育職業的艾倫，深知妹妹正走在成為獨立、完整的人生路途上，不希望因為個人的擔憂而過度干涉，心中期盼藉由這次的機會，從旁鼓勵她、支持她，讓麗莎能依靠自己的力量，在充滿挑戰的異國生活繼續撐下去。

掛了電話以後，艾倫將一張照片寄給了麗莎，並請她把照片放在每天都能看到的地方。那是麗莎啟程美國前，全家人相聚於歡送會的合照，往後的日子裡，麗莎每天晚上都會看著這張照片入眠。

與艾倫的通話結束後，有一句話停留在麗莎的心裡許久：「這是一條專屬於你的道路，沒有人可以代替你走完。」麗莎覺得艾倫這句話彷彿五雷轟頂。

她想到，過去還在台灣時，自己非常仰賴家人的協助和心理支持，她常常覺得只要有家人在她身後，自己就充滿信心，能夠卯足全力往前走，在她遇到問題時，很習慣於尋求家人的意見和幫助。現今離開台灣，尤其再加上時差的距離，家人顯得特別遙遠，麗莎從沒想過，有些情境下必須要學會獨自面對，也只能獨自面對，她赫然發覺，遠離了家人的照護和愛以後，她就像是一隻失去了翅膀的飛鳥。

即便開始清楚意識到這一點，但麗莎仍然覺得「一人獨立」對她來說非常陌生，也覺得非常沒有安全感，完全不知道該怎麼做的她，就如同看到了一條新的通道，卻無法鼓起勇氣走過去，而麗莎也很想知道，該如何才能靠自己做到。

「哥哥所說的，我真的可以做到嗎？」麗莎想著這個問題，陷入一段沉思。

很快的，新的學期開始了，第二年的美國生活持續考驗著麗莎，這次，她決定不再被動接受先前遭遇的難題，而是選擇主動參與、面對，進行各種嘗試。懷抱著艾倫給她的鼓勵和支持，麗莎想要試著藉由自己的力量立足，不再讓台灣的家人擔心。

「我必須先想辦法讓自己冷靜下來，才能穩定的一個人繼續走下去。」麗莎想著。

令麗莎最頭痛的問題，就是離開家人的異鄉感、孤單感，除了將家人的合照擺放在床旁以外，她開始練習自我相處與對話，藉此穩定自己複雜的內心狀態。

於是，麗莎刻意減少令她備感壓力的無謂外出及社交活動，嘗試著熟悉自我相處的感覺。一開始，她進行一些自己平常喜歡做的事情，像是：烹飪、研讀美國文學書籍、一個人去散步、做冥想練習，讓自己孤立、無助的感受漸漸緩和下來，以平靜、客觀的心情，純粹去體驗與自我相處的感受。

為了能夠適時將內心感受具體表達出來，她利用在晨間、晚上盥洗的時間，練習在鏡子前和自己說話，也許是談談今天所發生的事情，或是任何她想對自己說的話，試著在沒有適合的人能夠與她聊天時，以這樣的方式展開自我談話，利用浴室裡的聲音回響、鏡子內照映出的表情，用心聆聽自己，也照顧自己的心理需求。

「今天的小組討論，可以說是非常有收穫！我又學到了一個新的想法。不過，下周教授要求的個別報告，可要好好準備了……」

「我真的很想念台灣的家人，當初也不完全明白這樣的選擇會讓自己遇上這些難題，但畢竟人人都有離家的第一次，雖然前段時間很糟，不過，真的沒有關係，我已經盡我所能，不要太苛求自己，生活上有很多無法掌握的事情，專注在自己可以努力的事情就好。」

「我想要告訴你，麗莎，你已經表現得很棒了！這一年以來，種種困難和挑戰你都一人獨自面對，你真的辛苦了。不要擔心，我們會扶持著彼此繼續走下去，路上一切的顛簸，慢慢都會過去的。」

語畢，麗莎注視著鏡中的自己，凝視那笑容有些勉強、實則疲憊不堪的自己，輕輕地撫摸頭髮，看著在眼眶打轉的熱淚。就在此刻，時間彷彿為自己暫停了下來，麗莎在此聆聽自我的過程中，專注的與自己靠近，感到被理解、被聽見，就像有人把自己緊緊擁抱住那樣溫暖又穩固。

一段時間過後，麗莎逐漸回復基本的自信與精神，也學會了如何平穩的度過漫長、獨自一人的時光，使她能夠往另一個課題挺進——語言與文化隔閡。她引導自我慢慢放下對於美國文化無法適應的執著，將這些精力轉移到「創造與外國人交流的時光」，像是：邀請他們欣賞中文電影、認識台灣文化、一起煮各國料理、談論不同國家的生活習慣、彼此的旅遊經驗、一起去野餐曬太陽等。

在這些過程中，麗莎找到了一把人在異國求學的平衡尺，她不需要擱下台灣，也不必要求自己融入美國文化，而是把心態轉換成一種文化學習與交流的特殊經驗。有一次外出購物時，一位美國朋友對麗莎說：「你的英文講得越來越道地，我都快忘記你是台灣人了呢！如果下次我有機會去台灣旅遊，還要請你照顧我了。」

「那當然囉，到時候，我也可以教你幾句超好用的簡單中文！」麗莎笑著回答。

觀察到白天來自美國的電話次數漸漸減少後，麗莎的家人認為，她也許已經克服那段最辛苦的時間了，他們為此感到欣慰，也時常聽到她分享更多關於美國的新鮮事，最重要的是，麗莎聽起來變得越來越穩定、快樂，能以平常心充分享受待在美國的日子。

這天，麗莎來到了機場，等候前一周才告知要來美國看望的家人們。為了給麗莎一個生日驚喜，全家人早早相約，這兩周放下身邊所有的事物，一起到美國為麗莎慶生，艾倫便著手安排了一系列的家庭旅程，希望這次麗莎和全家人能一起共度久違的相聚時光。

入境大廳的閘門打開了，四個熟悉的身影出現在麗莎眼前，她高興的與大家揮手，快步向前迎接大家。五個人相擁在一起，麗莎對大家說：「我真的好想你們！謝謝你們飛來看我。」

艾倫看著許久不見的妹妹，說道：「麗莎，這段時間以來，你變得更成熟又獨立了，我為你感到驕傲。」

「哥，我不敢相信我真的辦得到，謝謝你。」麗莎說。

飄落著白雪的一天，是麗莎與家人難得重聚的日子，也剛好是麗莎的廿五歲生日，她朝天空望去，看著白雪皚皚，想著過去那段難捱的時間。美國的第一年生活，可能不盡理想，而第二年即將結束，儘管這異鄉對她來說還是有股陌生大陸的味道，但她已經知道如何為自己的內心掌舵，這讓麗莎感到無比踏實，也為自己在異鄉茁壯的獨立性感到驕傲。

四　寵物過世後的獨處

十年前，凱恩在寵物中途之家領養了歐文，從此，牠成為凱恩最好的朋友。與狗孩子歐文相伴十年的情誼，對凱恩來說，牠就如同家人一般的親密，不管是相互陪伴、關懷、支持、互相依賴。看著與歐文生前的最後一張合照，在牠因病去世之後，凱恩曾經有一段時間還是不敢相信，歐文真的已經離開這個世界了。

歐文生前是一隻大型的黃金獵犬，有著金黃棕的長毛髮，黑又圓的眼睛，性格溫馴親人，活動力十足，愛好玩耍，喜歡撒嬌，對主人凱恩非常忠誠，且很有默契。

過去，牠都會和凱恩一起外出運動，每天早上，歐文都會叼著凱恩的運動服，叫喚凱恩起床，帶著牠一起到鄰近的公園運動，這是他們每天的例行公事。平時，凱恩在家中進行家務、烹飪、回覆工作郵件、作畫，或者沉默一語不發時，歐文都會體貼地待在一旁不予打擾，靜靜地陪伴著凱恩。

凱恩是一位自然藝術家，大部分作品以大自然為圖畫題材進行創作，家中有一間工作室。平時沒有畫畫的時候，通常會在大自然裡沉澱、尋找靈感，偶爾在藝廊裡為人進行藝術作品解說，也會四處參觀畫展。

平時需要大量戶外景觀勘查和大自然靈感的凱恩，時常開車載著歐文，四處到自然中勘景、遊山玩水，而每每到了綠油油的草地時，歐文總是興奮無比，就像是發現了天堂一般，高興的跑來跑去，這時，凱恩通常會拿起繪本打草稿，任憑歐文四處自由活動。

那一季的晨間，凱恩正忙著籌劃藝術節交流活動，以及準備未來的主題畫展，這個月裡，他匆匆備好歐文的早餐以後，就趕著出門工作，並沒有心思注意歐文的活動情形。凱恩顯得有些抱歉的看著歐文：「爸爸最近工作很忙，你在家待著，等藝術節結束後，我們再出門去運動吧！」歐文看似有些乏力，眼神失落，頭低低的垂著，四肢癱在地板上。這段時間牠的活動力變差，食慾也下降了，漸漸地，盤內的食物也開始出現剩餘，偶爾，歐文在休息時也有些喘息急促的現象。

這天早上，凱恩正要帶歐文出去運動時，卻發現牠一動也不動，眼神渙散，身體癱軟，也不像以前要出門前，用宏亮的聲音對凱恩興奮地吠叫。看著歐文十分費力地呼吸，身體非常虛弱的模樣，凱恩便抱著歐文到獸醫院求助。

獸醫經過仔細檢查後告訴凱恩，牠有心血管的問題，已經合併呼吸困難、心臟衰竭的現象，這應該有好一段時間了；再加上年長的歲數，狀況可能會越來越差，要有心理準備。面對這個突如其來的壞消息，凱恩感到無助又心痛無比。

在歐文生前住院那段時間，健康狀況每況愈下，身體越來越虛弱，唯一能發出的聲音只有微弱的呻吟。看著呼吸及生命徵兆越來越微弱的歐文，凱恩心裡充滿不安及自責。伴隨著對死亡來臨的畏懼，雖然心中已經抱著最壞的打算，但是對無法挽回的殘酷現實，不只一次地感到絕望。

最後歐文陷入昏迷狀態，嚥下最後一口氣，停止了呼吸，就在那個剎那，十年之間緊密的連結，彼此的距離成為生與死不可跨越的高牆，凱恩還沒準備好說再見，歐文就離開了世間，他抱著歐文的遺體雙手顫抖，請求獸醫讓他和歐文獨處最後的時光，陪著牠走過生與死之間的那座橋梁，完成道別。

忍耐心中巨大的哀痛，凱恩眼眶盈滿了淚水，充滿不捨地告訴歐文：「爸爸現在要放手讓你離開了，希望你在另一座天堂，沒有了病痛與折磨，平安地到達另一個沒有我的世界。感謝你來到我的生命中，歐文，我會永遠愛你、想念你。」

狗孩子的逝去對於凱恩來說，彷彿生命重心的崩塌。在他一人居住這段時間裡，歐文一直是他最好的陪伴，他悵然若失，獨自面對曾經是生活中的一部分從此消失，也對於自己在歐文生病前夕的疏於照料感到罪惡、懊悔、自責不已。觸碰到與歐文的記憶和過去時，凱恩心中隨時有一股巨大的悲痛將他淹沒。

凱恩繼續著日常的工作與生活，雖然，他盡力不讓自己想起這件事情，但是只要看到手機裡的合照、歐文之前睡覺的地方，心中努力築起的情緒高牆，往往在一瞬間潰堤，「每天早上醒來時，我都以為歐文仍然在我的身邊。這麼短的時間裡，我該怎麼去相信，再也看不到牠一次了……」他無法接受歐文的離世，這個深藏的內心傷痛讓凱恩難以啟齒和接受，因為那會使他覺得必須提醒自己，歐文真的走了。

每日過度思念、哀慟、懊悔，失去重要情感連結與陪伴的凱恩，這段時間勉強著繼續作畫，然而，這些作品都成了灰藍暗色系的作品，陰鬱的深藍，黑白色的強烈對比，混濁的灰暗色，都是凱恩選色時的常用色彩，此時他已經對於任何鮮明、光亮顏料失去興趣。在天氣極好有陽光的日子裡，他會將家中的窗簾全部拉起，寧願獨自待在黑暗的室內，只有下雨時他才願意望向窗外，看著如同心境寫照般的那片寥落雨天。

在凱恩那段哀慟、黯淡的日子裡，遇上了社區裡一位有寵物過世經歷的女性妮可，兩人相同經驗引發的共鳴，及妮可所展現出的慈悲和善良性格，使得凱恩開始願意說起這件仍然令他十分痛心、懊悔的憾事。

「我很後悔，如果當初早點發現一些徵兆的話，也許歐文還來得及被治療，可是現在，做什麼都來不及了，我已經失去了牠。」凱恩懊悔的說著，「我真的想再好好抱抱牠……再多跟牠玩一會兒……為何上帝不能再給我們多一點時間……」

「凱恩，你知道嗎？你真的不需要因為歐文的過世而責怪自己，歐文已經很成熟，年紀也很大了，牠會知道自己身體的極限，這不完全是你的錯。」妮可說道，「我完全能理解你的感受，在我的孩子離開時，我也不知道該如何面對死亡，以及生活中已經沒有牠的事實。」

「可是過了幾年後，我漸漸理解到，其實每個生命的終點，會帶領我們重新審視生命的意義和歷程。寵物的生命意義是牠一生的經歷，不只有死亡這件事而已，因此，你們相處的每一刻，去過的每一個地方，對歐文而言都是如此獨特又珍貴，你們之間的感情連結，也豐富了牠的一生，使牠過得快樂又圓滿。」妮可溫柔地繼續說著，「我相信，歐文不會希望你因此陷入無止盡的自責和悲傷裡，而是記得你們曾經的美好時光。」

「妮可，謝謝你告訴我這些。歐文確實是個樂天、貼心的孩子，如果牠看到我現在這個樣子，一定會非常擔心我。」凱恩回答。

不久，歐文的遺體火化後，凱恩在寵物葬儀社舉辦了簡單的告別儀式。在喪葬處理的過程中，凱恩真實地意識到歐文離世的事實，並且慢慢接受了歐文的死亡。他對於無法輕易撼動的生死感到敬畏，也理解了生命是如此的短暫而脆弱。生老病死自然是宇宙萬物的一部分，藉著源自於生命本質的透徹理解，凱恩總算能夠慢慢放下那個走不過去的執念。

「就算我想到這個事實還是會忍不住想要掉淚，可是，我知道牠一直都在我心裡常駐，那條思念的縷線是不會斷掉的，就像歐文生前與我的感情一樣。」凱恩心裡想著。

不久後，凱恩再次拿起畫筆，獨自一人坐在工作室裡，畫筆下的形象，是他最思念的摯友——歐文，他想以藝術的形式來重新記憶歐文的樣子。在繪畫的過程中，凱恩投注了思念、緬懷、回憶，以及對歐文的愛，他彷彿感覺到，歐文不曾離開過他的腦海，拿起畫筆的同時，他覺得歐文已重新活在他的心裡和畫作中。

凱恩回憶起過去和歐文的相處時光，他在畫作中栩栩刻劃了歐文那流暢的金黃色毛髮、在草地上自由奔跑的身影，以及牠賴在家中日常的可愛模樣。數個月後，凱恩以對歐文記憶、兩人生活點滴和故事為創作題材，完成了數十件關於歐文的作品，並決定以此紀念歐文，策劃了下一個畫展的主題——歐文與我的故事。

在系列的最後一幅畫裡，並沒有歐文的身影，只有一個男人坐在綠地望向天空，下方的說明寫著：「致歐文、致曾經失去寵物孩子的主人：死亡提醒了我，生命中的一分一秒是何等珍貴，最終，唯有愛不會逝去，只要心中有孩子，牠們就不曾離開過，牠是無可取代的摯友，也是我們永遠的家人。我們的情感、連結、相處時光，都豐厚了彼此生命。謝謝你一直無條件陪伴著我，我想永遠記得你的模樣。」

結束了這次的主題畫展之後，凱恩便一人開車載著歐文的照片，展開了一趟特別的旅行。在這個為期廿天的旅程中，雖然看起來只有凱恩一個人，其實在他心裡，更像是與歐文一起重溫舊時的旅行。「過去，曾是歐文靜靜地陪著我作畫，這次，換我想要好好陪著歐文，看盡所有美麗的風景。現在，我只想純粹地與他同在，感受我們所有曾經的連結。」

「歐文，雖然你去了很遠很遠的地方，無法繼續陪伴我了，但是爸爸還是會努力照顧自己、繼續作畫，偶爾想念你。你在天堂，好好放心地在那裡玩耍，想我的時候再來夢裡找我。」凱恩溫柔地對著歐文的照片說。

旅途的終點，是一片綠油油、一路綿延到遠方盡頭的大草原，凱恩已經忽視了時間，在此停留許久，搭起帳篷，思念著歐文，獨自一人在此處度過數個白天與黑夜。他不時看著天空，想像歐文也在天上看著他，或者，猜想歐文現在住在天上哪一個地方。僅是在這種純粹的狀態下，凱恩感覺，這個遼闊的空間，沒有一點聲音、沒有任何的談話、沒有其他人的存在，只有寬容的沉默，承載了無盡他對歐文的情感與緬懷，容許他孤獨又固執地思念歐文，並得以釋放這份無人能體會的哀傷與思念之情。

走過了一趟與思念和孤獨相伴的道別之旅後，對於凱恩來說，歐文已經不是一個不可被喚起的悲傷事實，而是以另一個方式活在他心裡的摯友，換了一種形式的無形陪伴。他偶爾會在心中獨自與歐文對話，想念時歐文，就看看歐文生前的照片，也會在心裡默默替歐文祈禱。

藉由一路的自我體諒和支持，不去抗拒哀慟的情緒，重新記憶和回顧，慎重而深遠地向摯友道別，去接納最困難的死亡課題。往後，凱恩不再是那個沉浸於失去和悲痛的寵物主人，而是獲得了一種好好放下的平靜，和一份得以解脫的自由。

五　疫情之下的獨處

八個月前，菲爾與妻子、女兒暫別。他從來都沒想過，這次的分別，距離下次的再見，是那麼的遙遙無期。就在家人的班機往台灣飛去以後，長時間以來一座在菲爾身邊的穩定山岳，就瞬間從他身旁消失，一人獨留在日本的他，這段時間可以說是既煎熬又漫長。

菲爾是一位非常成功的上班人士，於日本的貿易公司工作，十五年豐富的職場經驗，擁有相當優渥的年收入薪資，和令人稱羨的位階，也有著美滿的家庭生活。前年與妻子生下可愛的女兒潔西後，除了成為爸爸之外，這件事情讓菲爾覺得，人生階段的最後一塊拼圖終於完成了，對此感到非常幸福，也為自己圓滿的人生感到相當滿意。

在菲爾的印象中，他的人生時刻表有如一本縝密的計畫手冊，成就感也像是一條上升直線一樣，在對自己的要求和規劃之下，他希望每一件事情都能如他所預期的那樣發生。從日本大學畢業以後，認識妻子、相戀結婚、一起努力工作、開始家庭生活、公司一路升遷到部長位階、計畫生兒育女、為孩子打算教育及未來、退休生活等等，每一件重要的事情，菲爾都會規劃仔細，做最佳的預備，他認為每一個階段中，都有自己必須達成的事情。

然而，菲爾的妻子柔伊卻截然不同，她的個性非常隨和又不拘小節，崇尚自然無為，喜歡最後一刻才查看電影時間表，生活用品當天缺什麼才買什麼，就連結婚典禮的裝扮和禮服，都是婚禮企劃公司三催四請，柔伊才完成選擇的。她最喜歡說的話就是：「凡事自然點就好」、「規劃是種精神耗費，時候到了自然可以決定」，因此有時候，她很難理解為什麼菲爾總是喜歡先知道未來及所有的事情。但這並沒有造成太大的兩人摩擦，柔伊總覺得老公是一個非常紀律又負責任的男人。

從新冠肺炎疫情在日本的第一波爆發以來，菲爾就時常精神緊繃，胡思亂想，無法安心睡覺，他對於這號未知病毒可能帶來的後果和未來，感到絲毫無法掌握，很難看清楚前面的方向究竟為何，就像是走在隨時都有可能爆炸的地雷區一樣。這點讓他不僅對於當時自己穩定的工作生涯感到憂心，也深怕年幼的女兒和妻子的健康受到影響。

收到病毒正在日本的社區內擴散的新聞以後，菲爾憂心忡忡地與柔伊討論家庭計畫的將來，在菲爾對於家人生命安全的堅持之下，他們決定讓柔伊和女兒先回到台灣度過這一波嚴重疫情，菲爾打算一人留在日本獨自奮鬥。

「這對我們來說，是最好、最安全的打算。放心，一切都會變好的。」在柔伊離開前一晚，菲爾對太太說，「你不必擔心我，我會照顧自己。」

與家人分離的初期，對於菲爾來說並不會很困難，因為少去了晚間的家庭時光，填補上來的，是他一人必須完成更多的事情，例如：自己外出採購準備食物、自己每天進行家中消毒、打理家務、安排部門裡疫情應對的計畫、改變工作型態、與上級聯繫公司異動事宜等等。這一連串疫情影響下的生活與工作的改變，確實讓菲爾有些措手不及，但在他負責又謹慎的處理下，大部分的問題都一一順利解決。

「少了柔伊，我自己要做的事情忽然變多了，也少了些陪伴，不過，這也是暫時的，應該不會太久。」在菲爾順利度過兩個月的一人生活後，告訴著自己，他仍然堅信，這段時間不會持續太久的。

而誰也沒有想到，這個未知流行病毒，影響的層面和人口數可說是越來越嚴重，公司的營收受到劇烈的國際市場波及，依照公司後來的決策，高層內部決定調整員工數量，並視情況異動職務，所有人必須無條件配合，部門內一半的員工被留職停薪。雖然菲爾在這一波職務調整中僥倖的存留了下來，卻也為他留下後的將來深感惶惶不安。

日本政府也針對疫情進行政策因應，依照社區衛生規定，菲爾接下來只能在家中辦公，且一周只能外出採買兩次，很難與外界和人群接觸。有一段時間，菲爾一整天只能面對著電腦螢幕說話，就像是與社會完全切斷了聯繫，彷彿遺世獨立般的落寞。

接著好幾個月的時間，菲爾一人用餐、一人遠距工作、一人外出採購、一個人睡覺、一個人度過漫長的廿四小時，即使待在熟悉的家中，但這樣長時間與家人分隔兩地，以及缺乏人與人之間的接觸，讓菲爾感覺那股與人之間的疏離，越來越讓他感到窒息，尤其在一整天都無法與人說話時，他會覺得自己好像被全世界遺忘了。

「你看，潔西現在又長大一些了，已經會開始玩公園的溜滑梯了。」柔伊在電話裡告訴菲爾，「你自己生活狀況都還好吧？」

「還可以啦，你不用擔心。」但菲爾不願告訴柔伊的是，現在一整天的時間，對他而言可以說是越來越煎熬，他非常懷念過去與家人在一起的時光。這段分離來得又急又快，菲爾原先用工作暫時麻痺自己，但是，心裡卻越來越空虛，就像一個填不滿的洞口，隨著時間流逝繼續凹陷下去。

疫情開始至今已經六個月了，某個周日的晚間，菲爾坐在沙發上一動也不動，自覺是一個失落又可憐的中年單身男子。他駝著背脊走到超市裡購買了大量的啤酒，無神的看著街頭兩三個寥落的路人，回到家一罐接著一罐啤酒的狂飲，他把最後一瓶啤酒罐捏扁，用力的往播報新聞的電視機砸去，心中壓抑許久的憤怒和無力感，終於在這天爆發了出來。

菲爾以手撐著垂喪的頭，他想不通這所有已經發生的事情，好像是老天爺把他這十幾年的努力當作一個玩笑嘲弄，他原本預期的人生計畫被無端改寫了，家庭生活被剝奪了，工作也變得不穩定了。全人類被籠罩在一個看不見的病毒陰霾裡，本以為按照劇本走著的人生，在這號病毒的破壞下產生非預期的巨變，既無力又怨懟的菲爾，把全部的問題都責怪在病毒上。

「我已經很努力了，為什麼沒有得到我心裡寄望的結果？」他很憤怒，責怪這所有一切的發生，「我到底做錯了什麼？為何這個病毒要對我的人生開這麼大的玩笑？」菲爾開始沉浸於各方面的身心壓力，對於不知道會持續多久的失控感，以及完全無法改變的現狀，感覺又沮喪又氣憤，也突然間對自己一直以來兢兢業業的努力感到毫無價值可言。

「如果柔伊能在我的身邊，那就好了，至少我還能找人說話……」菲爾嘆息著。其實對他來說，柔伊天生那股對事物的開放態度，及對未來的著實相信，是每每他感到不安的時候，最好的依賴和支持，然而，現在他床旁空位的女主人，仍然無法回到他身邊。

意志消沉的菲爾，不希望自己繼續喪志下去，於是每天睡覺前他都會告訴自己：「今晚睡一覺，明天就不能再這樣下去了，打起精神來！」但是，他越是想要這樣做，卻越提不起勁，他心中深厚的挫折感和人際關係空虛，時常折磨著他的心神，他頓時失去了支撐人生的意義感，也找不到一個繼續努力的原因，對於生活感到非常麻木，每天都勉強著自己度過廿四小時，甚至連好好吃飯，對他來說都顯得艱難。現在，他心中的怒火已經燃燒殆盡，取而代之的，是一口不斷往下陷的精神深淵。

有一天，他洗完澡後，抬頭看到鏡中垂頭喪志的自己，彷彿注視著一位陌生人一樣，雙眉低垂，臉龐消瘦，面容上寫著幾分憂愁。快要忘記該怎麼微笑的菲爾，突然對著空蕩蕩的鏡子說了一句話：「你是誰？」此時他心裡想到的不是許久不見的家人，也不是前些時間譴責的無名病毒，更不是過去十五年來全心全意投入的工作崗位，而是他已經幾乎不認得的自己。

看到現今憔悴不堪的自己，已經不像年輕時候意氣風發的他，被歲月流逝所改變的事情，除了他兢兢業業建立出來的成功人生以外，菲爾也把自己給一起弄丟了。在他瞧見鏡中的陌生人之後，頓時注意到許久沒有察覺到的自我，尤其柔伊不在他身邊的狀況下，使他此時必須在一處極為寂靜的空氣中，獨自面對鏡中最為赤裸的自己。

菲爾安靜的坐了下來，閉著眼睛，思索著這些年來的人生，雖然幾乎所有的一切都在他的計畫和掌握中，但是他鮮少感到內心真實的滿足過，或者應該說，他發現那些只是暫時性表面上很滿足，但實際上內心好像不曾感覺真正踏實過。回顧這些年以來，他似乎都背對著自己的影子，踩在明亮但虛無的雲端，不停追趕著未來，鮮少落腳在眼下實質的地面上。

他忽然回想起，小時候媽媽曾經告訴他的一句話：「菲爾，你總是想太多，你這樣會不快樂的。」這深深反映著，他最不想面對的事情——恐懼黑暗又總是感到不安的自己。回想起母親對他說的話，直視著內心不願揭開的祕密，他的臉龐，滑落不知名的眼淚。其實，菲爾已經好久好久沒有允許自己流下眼淚了。

然後，菲爾想到他小時候很討厭走進漆黑的房間，也不喜歡被矇上眼睛，更討厭玩鬼屋遊戲。一直以來，黑暗讓他感覺對周圍環境無法掌握，讓他覺得自己好像隨時會墜落，就好似這場病毒的發生，深深籠罩住他，阻擋對未來的可預測性。前方視線的昏暗模糊，加上缺乏與人聯繫的社會關係，讓他就像獨自對抗無名的黑影一樣戒慎恐懼。

這個強烈覺知，使得他腦海中彷彿看到年幼的菲爾仍然面對著一道黑暗無法前進，喚起了一段不好的記憶。但這次，他深深的吸了一口氣，閉上眼睛，集中精神，用力地想像著小小的菲爾即使不停顫抖著身軀，也讓雙腳停留在黑暗前，然後往黑暗向前踏了一小步，再一小步，又一小步。這次他不急著背向黑暗，他試圖面對，等待著黑暗自行在他眼前逐漸浮現。

「菲爾，不管你想得再多，做得多好，擁有多滿足、成功的人生，你還是要承認，不管前方有多強烈的光明，黑暗還是時時刻刻存在著。其實，你非常清楚，黑影始終緊跟在腳後，就像是每個人的影子一樣。」菲爾好像在跟一個熟識的孩子說話一樣，喃喃自語著。

過程中，菲爾忽然有了許久未有過的一絲安定感，他慢慢看清楚，也察覺到，在那躁亂不安心緒中，那個令他成夜惴惴不安的癥結處究竟為何，這是他第一次讓自己不再因恐懼黑暗而轉身追求光明。

菲爾以成熟又堅毅的態度與他心中最大的恐懼對話，並且在這漫長的一天中，試著把專注力放在自己的內在狀態，回到最原始的自己，將一切歸零，摒除外務和雜念，暫時忘卻病毒和所有的煩惱，把心中糾纏在一團的亂髮，一根又一根的梳理明白。他暫時忘卻了外面的世界，就好像外面的人們也遺忘了他一樣，但不同的是，這次菲爾的心境泰然自若。

「雖然，這場疫情讓我失去了對一切的控制感，也在生活中斷掉了與家人和工作夥伴的接觸，但我並非一無所有，至少我還有我自己，雖然，這些年我並未曾好好照顧過他。」他伸手捏起自己的臉頰，像是在提醒一個晚輩：「你太拚命追逐了，菲爾，你得試著不再恐懼、不再控制，試著相信這個未知的世界。」菲爾告訴自己，而後露出欣慰的一抹微笑。

菲爾這段時間的憤怒和無力感逐漸消失，在他試著與內心的黑暗和解以後，所承受的身心壓力也緩和了下來，他彷彿感受到那座本來消失的穩定山岳，重新成長在他的心田裡，那座不是柔伊和女兒的山岳，是屬於他自己的山。

不幸的是，這場病毒疫情還看不見所謂的終點，原本期盼冬天能夠與家人團聚的菲爾，看來又無法實現他心中所期盼的事了。

現下是日本的秋末冬初，菲爾一個人在街上漫步，看到整排綠樹已經轉成深紅葉色，披上薄薄一層白雪。寒冷的秋風，刺鼻的冷空氣，他搓揉著雙手，呼出一團白霧。

天氣越來越寒冷的時節，溫度變化多端的氣候，就如同他這段時間以來的人生路途一樣，上天似乎明示著要讓菲爾的人生度過一段寒冬，緩下他前些時間心中熾熱的成就與人生追逐的腳步，如同一片無法前進的極地冰原。他靜靜地心想著：「也許，這個必須一個人度過的寒冬，就是眼下最好的計畫。」

後記

寫在一個人的獨處練習之後

感謝讀者耐心地與我一同再次認識獨處，讓我與你分享在寫書期間的時空背景。

寫作的開始

我很早就想寫這個主題了，這個書名也很早就來到我的想法裡，而沒有料想到的是，好多的個人經歷、閱讀過的好書，都在這裡恰好地匯流成河，集結成海，每個我與自己獨處的時間都是最好的拼圖，幫助我拼出這本書的角落和章節。

每次我有機會與自己獨處時，就把每一次的經驗拍成拍立得，記憶著當時自己在那裡的樣子、情景、環境、四周，因為我無時無刻意識到自己，注意力專注在所有眼前和個人的情緒中，不受任何外界干擾，因此這些記憶跟著我好久，就像我用眼睛跟記憶拍成影片一樣。在書寫的同時，我把錄影的檔案打開，一字一字地用文字寫下來，複習那些自己在獨處時光的所感所知。

我認為獨處時間對我來說真的很特別，所以很想介紹給讀者認識。那不是因為我的獨處經驗很特別，是因為獨處可以幫助你完成任何想做事情，讓每個人暫時遠離干擾、集中精神、專注在當下，這就像是自己搭上了一個專屬的膠囊太空船，我們只是需要對它有另外一種正向的辨認；也不要隨意的就誤解獨處，把它當成恐怖的影子來看待。

幸運的時間安排

不知道是上天的安排還是我運氣好，在我放下原有工作，有時間全心投入這本書的書寫時，賜給我完全為我打造的獨處環境。我本來就與家人住在同一個屋簷下，而雖然我們日常並不會互相打擾，但總有種「家裡有人」的感覺，好像無法在一個保證完全不會被打擾的環境下進行書寫，這也讓我有點煩惱。

如果真的必要的話，我還妄想著是不是要每天揹著電腦離開家裡，找到圖書館或安靜的咖啡廳去打字，還是暫時搬離家裡，才能專心的沉浸在獨處的世界裡，想為這本書的內容增加最真實的元素。

那時，來到寫作開始進行的倒數一周前後，我的爸媽忽然向我宣布他們的退休之旅要提前到下周就出發，而且打算把原本為期兩周的時間，延長為一個月，意思是我可以單獨被放在家裡一個月。這突如其來的驚喜，恰好跟我的寫作計畫貼合得又及時又完美，我既驚訝又喜悅，心裡想，原來，這就是安排啊（這事前絕對沒有先說好）！

看著空蕩蕩的房子，空曠的客廳，昏暗的廚房，無人在同一間屋子下的夜晚，此時，獨處與我又更貼近了。自己在一個空間裡面對白天與黑夜，能為這本書帶來更多練習和體悟，這是一場縝密又精巧的安排，也讓我能安心地躺在一人的宇宙裡感受所有來自獨處的氣息，而我也安靜又無語地等著每分每刻，聆聽獨處想跟我說的那些悄悄話，真是一場美妙而細緻的精神獨旅。

寫作同時，再次親近獨處

為了好好書寫這本書，也讓我好好再次的親身體驗了獨處。這個時間，是我作為職涯轉換的期間，卸下前一份工作後，得以騰出完整的時間，在心底醞釀著這本書的內容，想著我能為獨處提出哪些解釋和看法，內心很雀躍，卻也交織著各種擔心。

作為一個非常業餘的寫作者，沒有受過寫作訓練，我不敢聲稱自己是多專業的文字人，但我確實是過著非常文字的精神生活，也十分仰賴文字與世界交流。可是呢，這種「長時間屁股坐在椅子上、把心裡想到的打出來呈現在螢幕前」的過程，好像跟我過著怎樣的文字生活、多麼喜愛閱讀，都沒有太大的關聯性，往往閱讀還是比較容易的，而在產出文字的過程，要比實際看上去困難許多。

我天真的以為可以順利的每天產出四、五千字，反正乖乖坐著，怎麼怕沒有任何想法？事實上，我只有不到四分之一的時間，一坐下來就知道要寫什麼、要打些什麼，手指頭可以同步跟著行雲流水的思緒活動；另外四分之一的時間，都是用來在腦袋裡沉思、回憶、整理、構想，這種完全無法直接產出在文字中，但卻是寫作過程非常必要的一個環節。

最後，大約有近二分之一的時間，都在想法、靈感被我榨乾的邊緣，在腦力如同一灘爛泥和水量豐沛的泉水兩側不斷擺盪，想辦法擠出那一個又一個的字，做潤飾和修改，以及拯救我那快要耗盡的文辭枯竭。

經過這次的撰寫，讓我對寫作又有很不一樣的體會，要能夠讓腦袋和雙手完全同步配合，像不會止息的河川一樣順利通過，著實不是那麼容易。擁有豐沛又厚實的創作泉源、穩健的寫作計畫跟構想，還有仔細的觀察力與特殊洞見，相信是一位寫作者非常重要的任務和必要裝備，也不出我所想，寫作是一門精雕細琢、長時間修行的文字功夫。

儘管如此，我仍抱持某種程度的渴望，希望衷心的為自己關心又感到興趣的主題提供觀點和內容，也很願意花費漫長的時間，每天獨自坐在螢幕前打字；花費幾萬個字的時間，和願意花時間閱讀此書的讀者們，解釋有關於獨處帶給人類的價值，在我看來，這整件事情非常浪漫。其實，也只有通過獨處，我才能好好完成這本書，這是一件值得浪費的美好事物。

還有什麼沒說到的？

在書桌前左思右想，外出搭乘交通工具時也在思索，我還有什麼遺漏掉、沒有提到的呢？心想，就算我把有關獨處的經歷和所知全部從腦袋裡倒出來，還是會認為我講得不夠完整。獨處有太多的美好與深度，也擔心讀者無法透過僅僅這些內容就接收到有關獨處的一切，會不會有任何感到生硬和陌生的地方，甚至是讀完就擺在一旁遺忘了。

我記得，我讀的一本寫作指引書裡，提到一個非常重要的問題：我該怎麼樣才知道這本書已經完成了？

以前，我總覺得完美才能算完成，現在，有了那本書給的答案，我可以放心地把此書交到讀者手上，答案就是：努力傾盡你的所有，做到目前最好的狀態就可以了。

也代表著，獨處這個課題以及它的延伸，如同每一個人的人生進行式一樣，永遠都在過程中，將會一直延續下去，並沒有真正的終點存在。所以，我會說，我並不是什麼獨處專家還是教練，我會比較喜歡成為你的獨處學伴，一同討論面對獨處的辛苦與可貴之處，一起在路程中繼續探索獨處帶給人類的平靜與價值。

最後的最後

其實，光憑一本書的內容，我認為並無法全盤道出獨處對於一個人來說的好與壞，因為我也還在不斷的練習中。偶爾，我會因獨處感到自在，也因一個人感到孤獨，不過我始終清楚明白，這其中沒有任何需要迴避的地方，這是生而為人很自然的狀態和感受，我們並不需要和獨處抵抗，也就是，我們沒有任何需要抵抗自己的地方。

我始終期望，那座人與自己內心之間的橋梁，可以因為擁有獨處的時間而健康的存在著，也希望閱讀至此的人，可以透過獨處找回失散已久的自己。

到了書籍的最後，我想跟讀者說，「現在，有關獨處的一切，輪到你來主導。」

我相信，你現在比較理解獨處了。曾經可能覺得這只是一種「沒有人在身邊的狀態」，現在你已經有能力可以賦予它更多的主動意義和行動。獨處可以被視作一種每個人都需要的生活狀態和時間，給予我們每個人充電、沉澱、整理、思考、創造的黃金時段，主動的營造獨處、接近獨處、維護自己的獨處時間。

獨處，能夠為我們自己的人生奠定一層深沉又穩固的底蘊，厚實生命的深度，能夠獨立的把自己的人生和心理需求照顧好，是我們每個人一生的功課。

我相信，你已經有足夠的勇氣和力量，去建立任何屬於自己的獨處習慣和時間，讓你和自己時常同在，你甚至也能與人分享獨處帶給自己的影響和改變。獨處是每個人與自己的神聖時光，讓我們仍然可以在獨身一人時無條件相信自己、保護自己，也為自己的生命帶來力量和支持。

恭喜你，也歡迎你到獨處的世界探索，這是一個完全屬於你自己的宇宙！

現在，你準備好了嗎？邀請你搭上自己獨享的熱氣球，前往一趟深度的自我旅行，祝福你，旅途平安順利。

附錄

為你推薦的獨處好書

在這本書的創作過程中，也為了認識及探討更廣泛的獨處面向，我參考了許多獨處相關好書，包含國內、國外的書籍，從不同國家背景的作者們身上，找到他們賦予獨處的詮釋，以及看到他人在獨處中的身影。我非常享受在其中，如果你發現讀完這本書仍感意猶未盡的話，也許你可以翻閱這些獨處好書：

＊《其實你沒有學會愛自己：練習以愛，重新陪自己長大》蘇絢慧著

由台灣資深心理師所著的書籍，讓我理解如何照顧自己的情緒、承接自己的全部，以及自我照顧。

＊《遇見一個人的圓滿》張德芬著

即使面對自我婚姻的分離，作者張德芬重新賦予離婚後那一個人的意義，如何把自己重組，但不假他人之手，是一個人的勇氣之書。

＊《艾倫．狄波頓的人生學校：開始享受獨處》莎拉．梅特蘭著

＊《湖濱散記》亨利．大衛．梭羅著

想要知道一個人獨居在大自然的那種愜意嗎？梭羅在那段長達兩年一人獨居在湖畔的日子，他到底是如何享受獨處呢？這本書裡你會看到梭羅在獨處時的特別詮釋。

＊《享受孤獨的勇氣：「孤獨是最棒的朋友！」從這麼想的那刻開始，你的人生將出現巨大轉變！》榎本博明著

＊《孤獨的力量：即使不被理解，仍要面對真正的自己，才能真正富有與自

由》齋藤孝著

小時候走過的那個最沉重的孤獨，成為作者成長後最強大的力量，當時以為的黑暗，卻成為人生最好的支持，他是如何在孤獨中淬煉出力量的呢？

＊《因為尋找，所以看見：一個人的朝聖之路》謝哲青著

為期卅天的朝聖之旅，一人出發，作者在路上省思了什麼、看見了什麼，在那段孤獨又考驗體力的徒步旅途中，重新審視了一遍他對於人生的迷失，也看到所想念的自己，是一本在旅途中展現獨處意境的好書。

＊《闇黑情緒：接納憤怒、憂鬱、焦慮、嫉妒、羞愧、絕望、恐懼，你會更茁壯與強大》邱淳孝著

台灣心理師所著的書籍，內容解釋了，其實人類的負面情緒都是有功能和意義的，我們如何面對自我的憤怒、焦慮、嫉妒、恐懼、憂鬱，正確辨識、好好接納，不試圖逃避，會讓我們身心更加茁壯。想要理解如何面對自身負面情緒，它們的功能、如何處理、如何對話，可以試著閱讀這本書。

VP00108

獨處練習

作者——伊蓮
資深主編——謝鑫佑
校對——謝鑫佑、吳如惠、伊蓮
資深企劃經理——何靜婷
美術設計——張添威

董事長——趙政岷
出版者——時報文化出版企業股份有限公司
一〇八〇一九台北市和平西路三段二四〇號四樓
發行專線——（〇二）二三〇六六八四二
讀者服務專線——〇八〇〇二三一七〇五（〇二）二三〇四七一〇三
讀者服務傳真——（〇二）二三〇四六八五八
郵撥——一九三四四七二四時報文化出版公司
信箱——一〇八九九台北華江橋郵局第九九信箱

時報悅讀網——http://www.readingtimes.com.tw
文化線粉專——https://www.facebook.com/culturalcastle/
法律顧問——理律法律事務所　陳長文律師、李念祖律師
印刷——紘億印刷有限公司
初版一刷——二〇二一年十二月三十日
定價——新台幣三八〇元
（缺頁或破損的書，請寄回更換）

時報文化出版公司成立於一九七五年，
並於一九九九年股票上櫃公開發行，於二〇〇八年脫離中時集團非屬旺中，
以「尊重智慧與創意的文化事業」為信念。

獨處練習 / 伊蓮著.. -- 初版. -- 臺北市 : 時報文化出版企業股份有限公司,
2021.12
面；　公分

ISBN 978-957-13-9718-4（平裝）
1. 孤獨感 2. 生活指導

176.52　　110019068

ISBN 978-957-13-9718-4
Printed in Taiwan